ব্রহ্মাণ্ড – বিশ্বাতীত চৈতন্য

রবীন্দ্রনাথ হালদার

উৎসর্গ

এই বইটি দিলাম- আমার একমাত্র মেয়ে অদিতি, তার স্বামী অনিরুদ্ধ ও আমার একমাত্র নাতি আদিত্যকে - যারা এর মধ্যেই সারা পৃথিবী ঘুরে ফেলেছে এবং সব জায়গায় রাতের পরিষ্কার ঝক্ ঝকে আকাশে নক্ষত্র-মণ্ডলী দেখার তাগিদ অনুভব করেছে। বাকি জ্ঞানপিপাসুরা তো আছেনই।

আমার স্ত্রী ইন্দ্রাণী দেবীকে উৎসর্গের তালিকার শীর্ষস্থানে রাখলাম যিনি এই গ্রহে সর্বক্ষণ আমার ছায়াসঙ্গিণী হয়ে আছেন আর তার সঙ্গে আমার স্বর্গতঃ পুত্র ইন্দ্রজিৎকেও॥

কৃতজ্ঞতা স্বীকার- আমার মিত্র স্কুলের সহপাঠী পরমেশ ঘোষ

- যাকে ছাড়া এই বই প্রকাশ সম্ভব ছিল না।

পরিচ্ছদ পরিচয়   ১

১) অবতারণা

২) মৌলিক ও যৌগিক পদার্থ

৩) দেহ ও মস্তিষ্ক

৪) পরিপূর্ণতায় বিঘ্ন

৫) নভোমণ্ডল

৬) নক্ষত্রের জন্ম ও কৈশোর, মৃত্যু বা ধ্বংস
(Pulsar, Neutron Star, Red Giant
White Dwarf, Quasars, Black Hole)

৭) দেশ ও কালের সম্পৃক্তি (Space time
Continuum), Big Bang, Unified Field
Theory)

৮) মহাকর্ষ ও দেশজ বিকৃতি (Gravitation ,
Curvature of Space)

৯) দেশ বর্ণনা (Nature of Space)

১০)জীবের অন্নময় কোষ – উৎপত্তি: নক্ষত্র

১১)প্রাণের তাগিদ Pressure of Vital

১২)মনের তাগিদ Pressure of Mental
(বিশ্বাত্মক ও বিশ্বোত্তীর্ণ মন) Cosmic
and extra cosmic mind)

১৩)স্বপ্নপুরুষ

১৪)সুষুপ্তিপুরুষ

১৫)বিক্ষেপ ((Supramental covering)
(Unity as well as diversity)

১৬)বিশ্বাতীত চৈতন্য (Extra cosmic revelation)

১৭)শূন্যবাদ (Nihilism)

১৮)সচ্চিদানন্দ ব্রহ্ম

সূচীপত্র

অবতারণা...................5

নভোমণ্ডল...................20

ব্রহ্মাণ্ডের স্বরূপ...................26

ব্রহ্মাণ্ড...................28

ব্রহ্মাণ্ড - ২...................31

ব্রহ্মাণ্ড - Quasar & Black Hole...................34

Black Hole - Curvature of space etc...................37

Black Hole...................40

নক্ষত্রের জন্ম ও মৃত্যু...................43

নক্ষত্রের জন্ম ও মৃত্যু (২)...................46

ব্রহ্মাণ্ড জন্মবৃত্তান্ত ও সময় নিরূপণ...................48

পরিশিষ্ট...................53

অবতারণা

"What caterpillar thinks the end of the world , Master calls it a butterfly "

-Richard Bach

অবতারণা-২

যদি আমরা আমাদের দেখাকে একটু বদলে দি' তবে এটাই স্বাভাবিক হয়ে ওঠে যে আমরা কেবল একটি আকার বিহীন সত্তা ছাড়া আর কিছুই নই। দেখা বলতে চোখের দেখা নয়, অনুভূতির দেখা। যদিও চোখের দেখাও অনুভূতির দেখা।বাইরের আবরণে ইন্দ্রিয় বর্তমান, যা কেবল একরকম বিশেষ কাজের উপযুক্ত যন্ত্র। আমরা চোখ দিয়ে শুনতে পাই না বা কান দিয়ে গন্ধ শুঁকি না। যে কাজের যা যন্ত্র তাই ব্যবহার করি।

আমাদের কাছে পাঁচটি বহিরিন্দ্রিয় আছে যা দিয়ে আমরা বিশেষ বিশেষ জ্ঞান সংগ্রহ করি। শুধু সংগ্রহ না, এই সংগ্রহ সমূহ ভিতরের উচ্চ ক্ষমতাশালী ইন্দ্রিয়সমূহের কাছে পাঠিয়ে দিই। সেই উচ্চ ক্ষমতাশালী ইন্দ্রিয় গোষ্ঠীর নাম জ্ঞানেন্দ্রিয়।

কিন্তু কার জন্যে পাঠাই? কে তাদের দিয়ে কাজ করিয়ে নেয়? এরকমভাবে অন্তদৃষ্টি করে শেষে এসে যে বস্তুর সন্ধান পাই তাকে কেউ বলেন জীবাত্মা, কেউ বলেন ঈশ্বর ইত্যাদি। এখানে বক্তব্য এইটুকু যে

আমাদের এই বিভিন্ন অনুভূতি যার জন্যে দরকার সেই ভিতরকার মানুষটির আকার কি রকম? আপাতঃদৃষ্টিতে দেখি বাইরের আর ভেতরের ইন্দ্রিয়সমূহের ছাপ তাতে পুরোমাত্রায় বিদ্যমান। সেটা আরোপিত এবং বহুকালের ধারণার বা সংস্কারের ফলে আমাদের স্বরূপ আমাদেরই ইন্দ্রিয় বা যন্ত্রের রূপে আমাদের মধ্যে প্রতিষ্ঠিত। এই আকার মণ্ডিত সত্তাকে আমরা সূক্ষ্মশরীর বা লিঙ্গশরীর বলে অভিহিত করি। যা স্থূলদেহে বর্তমান তাই সূক্ষ্মদেহেও বর্তমান কিন্তু স্থূলত্ব-বিহীন ভাবে। কিন্তু যদি এই আকারকে বাদ দিয়ে ভিতরের জিনিষটার কথা ভাবি তাহলে তো দেখতে পাই একটা সত্তা যার আকার দেখতে পাই না। তোমারও যা আমারও তাই। এই সত্তা সকল বস্তুর জ্ঞান আহরণে ব্যস্ত। তাই তার চাই চক্ষু, কর্ণ, নাসিকা জিহ্বা, ত্বক্। তাদের কর্তব্য পর্য্যবেক্ষণের পরিবহন। তাদের ভিতরের ক্ষমতার দ্বারা তারা পৌঁছে দেয় বহির্বস্তুর ভাব; কাদের কাছে? না তাদের চেয়েও সূক্ষ্মতর ইন্দ্রিয় বা যন্ত্রের কাছে। যাদের দ্বারা অনুভূত হয় রূপ, রস, শব্দ, গন্ধ ও স্পর্শ। এই জ্ঞানেন্দ্রিয়ের অবস্থান আমাদের মস্তিষ্কে। এই জ্ঞানেন্দ্রিয়েরা আবার এইসব বার্তা পৌঁছে দেয় আরো সূক্ষ্মতর সত্তার কাছে- যার নাম সূক্ষ্মদেহ। এবার বহুকালের সংস্কার (Impression or complex) বশতঃ গড়ে ওঠা সূক্ষ্মতর ইন্দ্রিয়গোষ্ঠির দ্বারা এই বার্তা বা ভাবসম্ভার পৌঁছে যায় বা বিশ্লেষিত হয় অতীব সূক্ষ্ম অস্তিত্বে। স্থূলের কারণ সূক্ষ্মে এবং সূক্ষ্মের কারণ এই সত্তা। যেমন গাছ ও তার বীজ - গাছ স্থূল ও বীজ সূক্ষ্ম। সমস্ত গাছটাই বীজে

সূক্ষ্মরূপে বিরাজমান; কেবল প্রকাশের অপেক্ষায়। তেমনি বীজের কারণ থাকাটাও যুক্তিসঙ্গত। প্রত্যেক বস্তুর কারণ রূপে গেলে তার স্বরূপ উদ্ঘাটিত হয়। অবিদ্যার আবরণ উন্মোচিত হওয়ার সঙ্গে সঙ্গে পরিস্ফুট হবে বস্তু সম্পর্কিত জ্ঞান। এই কারণরূপে বস্তুর জ্ঞান কার দরকার? কার কাছে পৌঁছে দেওয়ার জন্যে এত সব ব্যাপার, এত তোড়জোড়? স্থূল থেকে সূক্ষ্মে থেকে কারণে, কারণ থেকে মহাকারণে ইত্যাদি ইত্যাদি। এসবের প্রয়োজন আমাদের অন্তরাত্মার বা জীবাত্মার। কারণ তারও কর্তব্য হল যে এই সমস্ত ভাবসম্ভার পৌঁছে দিতে হবে কূটস্থ চৈতন্যের দোরগোড়ায় - যেখান থেকে প্রতি-নিয়ত নিয়ন্ত্রিত হচ্ছে পরাচৈতন্যের আত্মপ্রকাশের গতিপথ। উদ্ভিদের খাদ্য সোজাসুজি আসে সূর্যালোক থেকে। পশুপক্ষীর ব্যাপারেও বিশেষ বিশেষ খাদ্য। মানুষের ব্যাপারেও তাই। তেমনি জীবাত্মার ব্যাপারে কারণ জগতের আবশ্যক। যেন জীবাত্মার খাদ্য - জ্ঞান ও আনন্দ। যা অতীব সূক্ষ্ম। আমরা যাই করি না কেন তা কেবল জ্ঞান ও আনন্দ লাভের জন্যে। জীবাত্মার স্বরূপ কেবল অস্তিত্ব, নিছক অস্তিত্ব।

এই বোধ যতক্ষণ আছে ততক্ষণই জীবাত্মা বলে উল্লেখ করি। জীবাত্মার কারণ পরমাত্মা। কেবল অস্তিত্বের ভাব। শুধু অস্তিত্ববোধই নয়, নিজেই অস্তিত্ব (Existence Itself) পরাচৈতন্য (Super Consciousness) ও আনন্দ স্বরূপ (Bliss)।

*** ***

অবতারণা -৩

এ তো গেল মোটামুটি পঞ্চ ইন্দ্রিয়ের কথা। এরা ছাড়াও সূক্ষ্ম ইন্দ্রিয় (হ্যাঁ ইন্দ্রিয়ই বলছি) বর্তমান, যেমন চিত্ত, মানস, বুদ্ধি, অহংকার ইত্যাদি। এদের ইন্দ্রিয় বলেই অভিহিত করছি, বোঝার সুবিধার জন্যে। এরা চেতনা বিস্তারের এক একটি ধাপ। এখানে চেতনা (Consciousness) সম্বন্ধে যদি একটু দৃষ্টি দি তাহলে বোধহয় অপ্রাসঙ্গিক হবে না।

এই চেতনা নিয়ে আলোচনাটা সবসময় ভাবমূলক (Abstract) বলে মনে হয় কারণ এই ধরণের আলোচনা সাধারণতঃ আত্ম-প্রয়োজক (Subjective); বস্তুগত (Objective) নয়। কিন্তু আলোচনা করলেই বোঝা যাবে চৈতন্যের চেতন অবস্থা যেমন সূক্ষ্ম, তেমনি চৈতন্যের অপর অবস্থার নাম জড় পদার্থ বা Matter, যা স্থূল। এক-কথায় আমাদের চারিদিকে যা দেখি তা চৈতন্যেরই অবস্থান্তর মাত্র। কি দেখি ? আমার শরীর, এই ঘর , এই লেখার কাগজ, সূর্য্য, চন্দ্র, গ্রহমণ্ডলী এবং অনন্ত কোটি নক্ষত্রমণ্ডলী - এ সবই জড় বা Matter বলে অভিহিত করতে পারি। জড়কে যদি আমরা ক্রমশঃ ভাঙতে থাকি ,আমরা গিয়ে পড়ব তারই এক অতি ক্ষুদ্র অবস্থায় যে অবস্থায় পদার্থের নিজস্ব গুণগুলি বিদ্যমান থাকে। তাকে বলা হয় অণু (Molecule). লোহার অণুর গুণ লোহার মত এবং নুনের অণুর গুণ নুনের মত। এ হল পদার্থের এক ক্ষুদ্র অবস্থা। এই অণু চোখে দেখা যায় না। অথচ লক্ষ কোটি অণু দিয়ে তৈরী হয় পদার্থ যা স্পর্শ করা যায়। চোখেও দেখা

যায়। এখন এই অণুকে ভেঙ্গে ফেলা যাক্‌। অণু অবস্থায় যৌগিক পদার্থের নিজস্ব বৈশিষ্ট্য বজায় থাকে। অণুকে ভাঙ্গলে আমরা পাই পরমাণু। যেমন হাইড্রোজেন, হিলিয়াম, কার্বন পরমাণু ইত্যাদি। এদের নিজস্ব বৈশিষ্ট্য আছে। কারণ এরা মৌল পদার্থগুলির বৈশিষ্ট্যই ধারণ করে আছে। দুই বা তার বেশী মৌল পদার্থ মিলে যৌগিক পদার্থ হয়। অণু অবধি মৌল বা যৌগিক পদার্থ - এ দুয়েরই বৈশিষ্ট্য বা গুণ তাদের নিজস্ব অণুতে বর্তমান। এ যেন বহু (diversity) থেকে একে (unity) আসার প্রথম ধাপ। এ পর্যন্ত ১১৮টি মৌল আবিষ্কৃত। আরো দুটি খোঁজ চলছে। প্রমাণ পাওয়া যায় নি। এই মৌল পদার্থগুলির ভিন্ন ভিন্ন সংযোগ মাত্রায় সৃষ্টি হয়েছে বিভিন্ন যৌগিক পদার্থ। অণু বা molecule থেকে পরমাণুতে বা atomএ পৌঁছান একটি ধাপ। একটি ধাপেই অসংখ্য যৌগিক পদার্থের মুখোশ খুলে গিয়ে মাত্র ১১৮টি মৌল পদার্থের আবির্ভাব। যৌগিক পদার্থের অবিদ্যার আবরণ যেন উন্মোচিত হল। এবার আমাদের কাছে আপাত সত্য হিসেবে বিভিন্ন পরমাণু এল। আরো বিভাজন সম্ভব। এরপর দেখা গেল একটি পরমাণু নিরেট নয়। আরো সূক্ষ্মতর পদার্থ দিয়ে পরমাণু গঠিত। একটি পরমাণুর অন্তরে আবিষ্কৃত হল নিউক্লিয়স (nucleus)। তাকে কেন্দ্র করে যারা ঘুরে চলেছে তার নাম ইলেকট্রন (electron)। তার ভর অত্যন্ত কম এবং সে ঋণাত্মক বিদ্যুৎধর্মী বস্তু। কেন্দ্রে অবস্থিত নিউক্লিয়াসের অন্তরেও লুকিয়ে আছে প্রোটন (যা ধনাত্মক বিদ্যুৎধর্মী বস্তু) ও নিউট্রন (যা বিদ্যুৎ নিরপেক্ষ) বস্তু। এই ইলেকট্রন,

প্রোটন, নিউট্রনের বিভিন্ন তারতম্যে তৈরী হয়েছে বিভিন্ন মৌল পদার্থ। সুতরাং একে আমরা বলতে পারি Diversity থেকে Unity আসার দ্বিতীয় ধাপ।

*** ***

অবতারণা – 4

একটি ইলেক্ট্রন, একটি প্রোটন নিয়ে গঠিত যে পরমাণু তার নাম হাইড্রোজেন। এইরূপে ভিন্ন ভিন্ন সংযোগে তৈরী হয়েছে হিলিয়াম, ওজোন অক্সিজেন, ফরফরাস্, ফেরিক বা লোহা, সিলিকা বা বালি ইত্যাদি ইত্যাদি।

বহুরূপের অবিদ্যা উন্মোচনের দ্বিতীয় ধাপ অবধি পৌঁছান গেল। এবার ইলেকট্রন, প্রোটন ও নিউট্রনের অস্তিত্ব ছাড়াও পাওয়া গেল পজিট্রন, মেশন, পাই মেশন ইত্যাদি। আরো সূক্ষ্মরূপে চলে গেলে পাওয়া যাবে কোয়ার্কস, যার ধনাত্মক ঋণাত্মক অবস্থার ভিন্ন ভিন্ন সংযোগে তৈরী এই ইলেকট্রন, প্রোটন, নিউট্রন। যা এখনও বিজ্ঞানীদের পুরোপুরি আয়ত্তে নেই। একে বলা যায় অবিদ্যা উন্মোচনের তৃতীয় ধাপ। এখন বিভিন্নতার মুখোশ অনেকটাই খুলে গেছে।অনেক রহস্যময় পদার্থের খোঁজে আছেন বিজ্ঞানীরা। যেমন দেখা গেছে যখন মহাজাগতিক রশ্মি আঘাত করে বায়ুমণ্ডলে তখন এক রহস্যময় অণুপদার্থের সৃষ্টি হয় যার কোন ভরই নেই শুধু শক্তি বা energyর অস্তিত্ব অনেকটা ইলেকট্রনের মতন কিন্তু বিদ্যুৎবাহী নয়; নাম মিওন নিউট্রিনো। এই নিউট্রিনো সারা ব্রহ্মাণ্ড জুড়ে আছে যার আসা

যাওয়ায় কিছুই বাধা সৃষ্টি করতে পারে না। বিজ্ঞানীরা দুভাগে ভাগ করেছেন পদার্থকে।

১। Force particle বা বল পদার্থ

২। Matter Particle শুধুই জড়।

এটা প্রমাণ হয়ে গেছে জড় ও শক্তি অভেদ। অবস্থার নামান্তর মাত্র। সবচেয়ে আশ্চর্য্য বস্তু হল আলোক। ফোটন নামক এক পদার্থ যখন সে ভ্রাম্যমান তখন তার গতিবেগ আছে, কিন্তু ভর নেই শক্তি আছে ।যখন সে স্থানু তার কোন অস্তিত্বই নেই। এইভাবে চলতে থাকলে বিজ্ঞানীরা মনে করেন যে একই শক্তি থেকে সমস্ত শক্তির উৎপত্তি এবং সমস্ত পদার্থের জন্ম (Unified field theory)। এই ভাবে চলতে থাকলে বিজ্ঞানী যে একত্বে পৌঁছবেন তার নাম দিলাম চৈতন্য (consciousness)।

বহির্জগতের প্রসঙ্গ ছেড়ে মানুষের অন্তর্জগতের ব্রহ্মাণ্ডে পৌঁছে দেখি প্রতিদিন সে যে জড় পদার্থ ভোক্ষণ করে চলেছে তা' শরীরের রক্ত, মজ্জা, অস্থিতে রূপান্তরিত হচ্ছে কোষের মাধ্যমে। তাকে বলা হয় বিপাক বা Metabolism, যার ফলে আমাদের বৃদ্ধি, আমাদের শক্তি সঞ্চয় ইত্যাদি। তৈরী হয় আরো সূক্ষ্ম পদার্থ যা আমাদের মস্তিষ্কের একান্ত প্রয়োজনীয় বস্তু — Cerebrospinal fluid.

প্রথমদিকে সংস্কার সম্বন্ধে বলেছি সূক্ষ্ম-দেহের কথায়। এখন আমরা দেখব আমাদের মস্তিষ্কে এই সংস্কারের খেলা। আমরা এই মানব

সত্তায় রূপান্তরিত হয়েছি লক্ষ লক্ষ বছর আগে। তার আগে আমরা ছিলাম বানরগোষ্ঠীতে সুপ্ত অবস্থায়। তারও আগে সামুদ্রিক সরীসৃপের মধ্যে অত্যন্ত সূক্ষ্ম অবস্থায়। এই ক্রমবিকাশ প্রথমে সরীসৃপ, বা reptile তারপর স্তন্যপায়ী বা mammal থেকে হয়েছি। এখনো পর্য্যন্ত তাই মনে করা হয়। অন্যান্য অঙ্গপ্রত্যঙ্গের কথা বাদ দিয়ে মস্তিষ্কের কথায় আসি। মস্তিষ্ক প্রসঙ্গে দেখি সেখানে দীর্ঘ সময়যাত্রার ছাপ। আমাদের মস্তিষ্ক যাকে কেন্দ্র করে গড়ে উঠেছে তার নাম R-Complex বা Reptilian Complex বা সারীসৃপ সংস্কার। এর প্রভাবে উদ্ভূত হয় যত সারীসৃপ প্রকৃতি যেমন ক্রোধ, লোভ, হিংসা, লোলুপতা, ক্ষুধা, প্রাণের তাগিদে চলা ইত্যাদি।

এই R-Complex এর ওপরের স্তরের নাম Limbic System বা Mammalian Complex বা স্তন্যপায়ী সংস্কার। এর থেকে আমাদের ভেতরে জাগে মাতৃত্ব, মমতা, ভয়, সামাজিক বা একত্রভাবে বাঁচা। সারীসৃপ ও স্তন্যপায়ী মস্তিষ্কের অস্তিত্ব মানুষের মস্তিষ্কে বিরাজমান। তাহলে মানুষের নিজস্ব মস্তিষ্ক কি নেই? নিশ্চয়ই আছে এবং সে আছে সবার উপরে। যাকে বলা হয় Seat Of Humanity বা মনুষ্যত্বের দরবার। এর নাম Neocortex যেখানে জড়পদার্থ রূপান্তরিত হয় চৈতন্যে, যার জন্যে মানুষ Rational বা বিচারবুদ্ধি-সম্পন্ন।

*** ***

অবতারণা - ৫

আমার বিশিষ্ট বন্ধুর ভালবাসার আবেদন ফেলা গেল না। এটা নবতম সংযোজনঃ

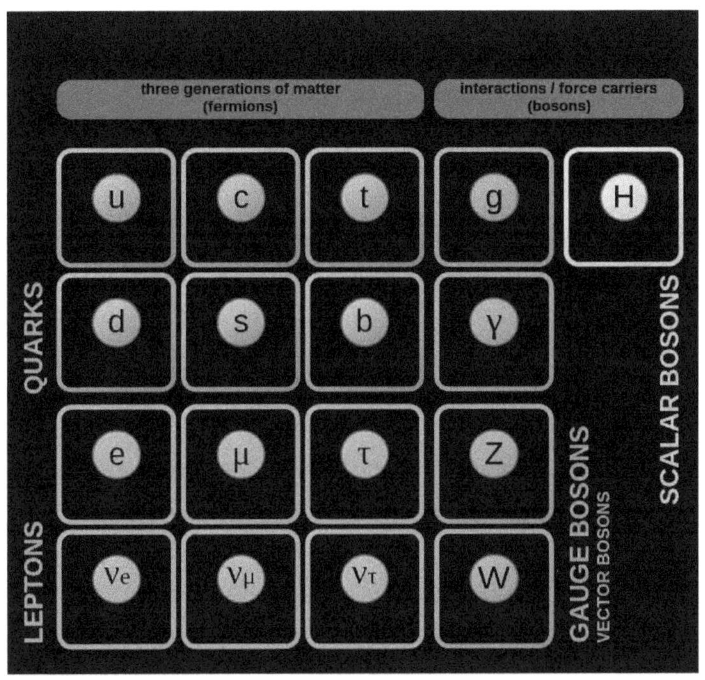

বোসন হলো পূর্ণসংখ্যক স্পিনবিশিষ্ট একটি মৌলিক কণিকা। এই কণিকা বোস-আইনস্টাইন পরিসংখ্যান মেনে চলে। প্রখ্যাত ভারতীয় বাঙালি তাত্ত্বিক পদার্থবিজ্ঞানী এবং কলকাতা বিশ্ববিদ্যালয় ও ঢাকা বিশ্ববিদ্যালয়ের উন্নয়নশীল পদার্থবিজ্ঞানের অধ্যাপক সত্যেন বোসের (বোস-আইনস্টাইন পরিসংখ্যানের বোস) নামানুসারে পল ডিরাক এই কণিকার নাম প্রদান করেন – "বোসন"। বোসনদের বেশিরভাগই হল যৌগিক কণা।

বোসনের উদাহরণ হ'ল ফোটন, গ্লুয়ন এবং W এবং Z বোসন (স্ট্যান্ডার্ড মডেলের চারটি বল বহনকারী গেজ বোসন), সম্প্রতি আবিষ্কৃত হিগস বোসন এবং কোয়ান্টাম মাধ্যাকর্ষণটির অনুমানের মহাকর্ষ। কিছু সংমিশ্রিত কণা হ'ল বোসন, যেমন মেসন এবং এমনকি ভর সংখ্যার স্থির নিউক্লিয়াস যেমন ডিউটেরিয়াম (একটি প্রোটন এবং একটি নিউট্রন, পারমাণবিক ভর সংখ্যা = ২), হিলিয়াম -4, এবং সীসা ২০৮; পাশাপাশি কিছু কাসি-পার্টিকেলস (উদাঃ কপার জোড়া, প্লাজমোন এবং ফোনস)।

*** ***

প্রাথমিক কণাসমূহের আদর্শ তালিকার সর্বশেষ কলামে বোসন কণাসমূহের ব্যাপ্তি প্রকাশ করছে।

Cryogenics is the branch of physics that deals with the production and effects of very low temperatures. The Large Hadron Collider (LHC) is the largest cryogenic system in the world and one of the coldest places on Earth. All of the magnets on the LHC are electromagnets - magnets in which the magnetic field is produced by the flow of electric current. The LHC's main magnets operate at a temperature of 1.9 K (-271.3°C), colder than the 2.7 K (-270.5°C) of outer space.

The LHC's cryogenic system requires 40,000 leak-tight pipe seals, 40 MW of electricity – 10 times more than is needed to power a locomotive – and 120 tonnes of helium to keep the magnets at 1.9K.

*** ***

অবতারণা - ৬

একদিকে দেহ ও প্রাণের অন্ধ তাগিদ, যা অন্ধকারাচ্ছন্ন জড় স্বরূপ; এর পরিধি অপরিসীম। Reptile Complex এর পরের জাগরণ চিত্তে Limbic Systemএ। তারপর আলোর হাতছানি বুদ্ধি ও মানসে Neocortex এ। এই বিজ্ঞান ভিত্তিক প্রসঙ্গ অতি আধুনিক। এখনো পর্যন্ত যা আবিষ্কৃত তাই বলছি। Neocortex এর অতি সূক্ষ্মাসূক্ষ্ম বিচার এখনো অবধি বিজ্ঞানী মহলে সম্ভব হয়নি। ভারতবর্ষের ঋষি মুনিদের কাছে এর ব্যাখ্যা আছে। এটা এখন অপ্রাসঙ্গিক। কারণ এর বেশীর ভাগটাই গুরুব্যক্ত্রগম্য। বিজ্ঞানীরা এখনকার ঋষি মুনি। যেমন ওনাদের ভাষা বুঝতে অনেক পরিশ্রম ও সাধনার প্রয়োজন। মানা বা না মানার ওপর নির্ভর করে না ,তেমনি প্রাচীন কালের ঋষি মুনিদের বক্তব্যও না বুঝে উড়িয়ে দেওয়া যায় না।

যাইহোক, বিবর্তনের ছাপ তো থাকবেই —— যেকে বলা হয় আমাদের সংস্কার। আমাদের এই মস্তিষ্কের এবং দেহের উপাদানের বিভাজন করতে করতে পৌঁছই কোষের উৎপত্তি সন্ধানে; পৌঁছই RNA & DNA রাইবো

নিউক্লিক ও ডিঅক্সিরাইবোনিউক্লিক অ্যাসিডে যাদের ঐন্দ্রজালিক ক্ষমতায় আমরা আমাদের মত। এদের সাংঘটনের মূলে নিউক্লিওটাইড ও অ্যামিনো অ্যাসিড। এতে উপস্থিত মৌলগুলি হল হাইড্রোজেন অক্সিজেন, কার্বন ও নাইট্রোজেন। আমরা আবার চলে এলাম পূর্বোক্ত মৌল পদার্থে। যাদের অণুবিভাজনের শেষ পর্য্যায়ের নামই চৈতন্য।

তাহলে আমরা দেখছি একদিকে যেমন পদার্থের বা জড়ের সূক্ষ্মতম অবস্থা পরা-চৈতন্য (Supra Intelligent Conscious Force) (চেতনা ও চৈতন্যের প্রভেদ আছে) আবার অপর দিকে কূটস্থ পরাচৈতন্যের আত্মপ্রকাশ বিভিন্ন জড়ভেদের স্তরে। অবিদ্যার প্রলেপে চৈতন্য জড়ের রূপ ধারণ করে। যে কোন পদার্থই দেখি না কেন বিভাজনের শেষ পর্য্যায় চৈতন্যে পৌঁছই। এই বিশ্বব্রহ্মাণ্ডের পরা-চৈতন্যের প্রকাশ। বলা যায় সমস্ত ব্রহ্মাণ্ড পরা-চৈতন্যময়। এই পরা-চৈতন্যই সমস্ত বস্তুর মূলস্বরূপ বা কারণস্বরূপ। এর বিকার নেই শুধু মায়া বা অবিদ্যার উপস্থিতিতে এই দৃশ্যমান ব্রহ্মাণ্ডের প্রকাশ। এই পরা-চৈতন্য আধারস্বরূপ। তিনি নির্লিপ্ত, শুধুমাত্র অস্তিত্বই তাঁর স্বরূপ; দ্বিতীয় সত্তার আপেক্ষিকতায় তাঁকে বর্ণনা করি। এঁকে আমরা সদ্ ব্রহ্ম বলি। ইনি সদ্ চিৎ ও আনন্দ স্বরূপ। তিনিই সব হয়েছেন বিভিন্নতার মুখোশে। যে ঈক্ষার হেতু বিশ্ব চরাচর প্রসূত তিনিই কালী।মানুষের মাঝে তাঁকে বলি WILL বা সর্বাত্মক শুদ্ধ ঈক্ষা। তাঁর কাজ সুসম্পন্ন করার জন্যে চাই জীবাত্মার প্রকাশ- পরাচৈতন্যের অবিদ্যার প্রলেপ। ইনি সংগ্রাহক।

কিসের? না বিভিন্ন চেতনাস্তরের অনুভূতির। তাই এর জন্যে চাই সূক্ষ্মতা। এলো অহংকার বা আমিত্ব। এও সূক্ষ্ম ও ভাবস্বরূপ। এর চাই বুদ্ধি- যা দিয়ে বিচার করে ঘরে তুলবে বিভিন্ন অনুভূতির সম্ভার। এর অবস্থান মস্তিষ্কে - পূর্ব পরিচিত Neocortex এ। স্থূল পদার্থের প্রতিক্রিয়াজাত অনুভূতি পাওয়ার জন্যে প্রয়োজন স্থূল পদার্থ — যা আমাদের বর্ণিত ইন্দ্রিয়সমূহ।

অবতারণা - ৭

সূক্ষ্মতর ইন্দ্রিয় হিসেবে মানস বা মনকে আমরা চিহ্নিত করি কারণ তার কাজ সূক্ষ্মতর প্রতিক্রিয়াজাত অনুভূতি সংগ্রহ। এও অবিদ্যার প্রলেপ। তারপর আসি চিত্তে, প্রাণের কাছ থেকে তারবার্তা গ্রহণ করে সে। তারপর দেহ - নিরেট, অন্ধকারাচ্ছন্ন চৈতন্যের প্রতীক। আবদ্ধ কূটস্থ চৈতন্য আমাদের দেহের সঙ্গে সম্পৃক্ত।

যখন এই শরীরের মৃত্যু হয় তখন পঞ্চ মহাভূতের শূন্যাংশ শুদ্ধ ঈক্ষায়, ঈক্ষা পরাচৈতন্যে গুটিয়ে আসে। কিন্তু ভ্রান্ত সংস্কার বশতঃ এটি সম্পূর্ণ হয় না। তখন প্রয়োজন কৃপার। কার কৃপার? না দ্বাররক্ষিণীর। সেই শুদ্ধস্বরূপা, ঈক্ষা রূপিনী জগন্মাতার! আমাদের মাঝে শুদ্ধ ঈক্ষারূপে বিরাজমানা শক্তি, (যাঁকে অভিহিত করি কালী বলে); তিনি কতকটা অসহায়ের মত অপেক্ষ-মানা। তাঁর আদেশ মানার জৈন্যে যাঁদের সৃষ্টি সেই আমলাদের আধিপত্য এত বেশী এই শরীরে, যে সমস্ত ব্যাপারটাই চলে অসংহতভাবে। এই আমলারা হলেন অহংকার, বুদ্ধি, মানস, চিত্ত ইত্যাদি।

শুদ্ধ ঈক্ষার আদেশ পালনই এদের কর্তব্য। তা না করে এরা প্রত্যেকে অরাজকতার সৃষ্টি করে চলেছে। যেমন প্রাণের তাগিদে চিত্ত এসে নাক গলাচ্ছে, বুদ্ধির বিচারকের ভূমিকা মলিন করে দিচ্ছে মানস তার দৌর্বল্য দিয়ে। ঈক্ষার অস্তিত্ব ও প্রকাশ তাই আমরা বুঝতে পারি না এই জগাখিচুড়ির জন্যে। এর বুঝতে পারার উপায় আছে বৈকি কিন্তু তার আগে চেতনার পরিচয় পাবার চেষ্টা করব প্রত্যেক স্তরে।

প্রাথমিক স্তর নিরেট, অন্ধকারাচ্ছন্ন জড় চেতনা — আমাদের দেহ। ক্ষিতি, অপ, তেজ, মরুৎ ও ব্যোম্ এই নিয়ে গঠিত এই স্তর। এর গুণাগুণ – ভর ও ভার, তরলতা, দাহিকা শক্তি, বায়বীয়তা ও ব্যাপৃতি।

তারপর আছে প্রাণ, তাতে চৈতন্যের প্রায়ান্ধবিকাশ। তাকে দেখতে পাই ক্ষুধা, অনুভূতি, নিদ্রা, তৃষ্ণা, মৃত্যুভয় ও অসুস্থতা।

তার পরের চৈতন্য বিকাশের স্তরকে চিত্ত বলি। তাতে আছে কাম, ক্রোধ, লোভ, মোহ, মদ ও মাৎসর্য্য। এর পর মানস বা মন। এর স্বভাবজ প্রকৃতি প্রকাশ পায় প্রেমে, কাব্যে, বীরত্বে মহানুভবতায় ও ত্যাগে। এর আরো উন্নত অবস্থায় প্রকাশিত হয় দয়া, ক্ষমা, ধৃতি, তিতিক্ষা, ভক্তি, বিবেক, নৈরাশ্য, বৈরাগ্য ইত্যাদি। বুদ্ধির স্তর উদ্ভাসিত জ্ঞানের আলোকে, বিচারশক্তিতে। রূপ, রস, শব্দ, গন্ধ ও স্পর্শের জগৎ। জ্ঞানের পর বোধির জগৎ — তাতে থাকে অলোকদৃষ্টি ও সত্যোপলব্ধি।

এ সবের ওপরে ঈক্ষা। তাঁর ইচ্ছা মাত্র সৃষ্টি। তাঁর ইচ্ছামাত্রই

সাধন। কিন্তু উপরোক্ত আমলাদের বিশৃঙ্খল কাজের জন্যে আমরা এই ঈক্ষার প্রকাশ দেখতে পাই না। বিশৃঙ্খলাটা কিরকম? না বুদ্ধির কাজের সময় যদি মন এসে প্রভাব বিস্তার করে তাহলে বিচার শুদ্ধ হয় না, বা মনের অনুভূতিতে প্রাণের তাগিদ কেবল অবিমৃষ্যকারিতারই পরিচয়। প্রাণের কাজ প্রাণই করবে, তাতে মনের প্রভাব বা বুদ্ধির প্রভাব আসা ঠিক নয়। যখনই মিশ্রিত হয় দুই বা ততোধিক ইন্দ্রিয় তখনই আসে বাসনা, দুর্বলতা, মিথ্যা আশঙ্কা যা আমাদের সত্তার বিকাশের পথে বাধাস্বরূপ।

প্রত্যেক ইন্দ্রিয় দ্বারা যদি তাদের নির্ধারিত কার্য্য করানো যায় তবে প্রথমে আসে সংযম। তারপর আসে অনাসক্তি। যখন এই সমস্ত আমলারা নির্বিঘ্নে নির্ধারিত কাজ সম্পন্ন করবে তখনই আমরা বুঝতে পারব ঈক্ষার অস্তিত্ব ও ক্ষমতা। যা আমরা সমস্ত জীবন দিয়েও সম্পন্ন করতে পারি না তা সংঘটিত হতে পারে চোখের পলকে ঈক্ষার বলে। তখনই এই সত্তার রাজ্য শাসিত হবে প্রকৃত উপায়ে। বহির্জগতের প্রতিক্রিয়ায় আমরা সংকুচিত যেমন হব না, উচ্ছ্বসিতও তেমন হব না। খুব শান্ত ভাবে গ্রহণ করব বহিরাগত যত ভাবসম্ভার। নির্ধারিত ইন্দ্রিয়দের দ্বারা সংঘটিত হয়ে ঈক্ষার দরবারে সমর্পিত হবে অনুভূতি সম্ভার। তারপর তাঁর ইঙ্গিতেই হবে প্রতিক্রিয়া। এই প্রতিক্রিয়ার নাম হল আত্মসমর্পণ। তখনই বলতে পারি, ‘সকলই তোমারি ইচ্ছা’ বা আমি রথ তুমি রথী, যেমন চালাও তেমনি চলি’! তার আগে নয়।

*** ***

নভোমণ্ডল

আমরা এখন অন্তর্জগৎ ছেড়ে বহির্জগতের দিকে তাকাব। রাতের আকাশে গ্রহ নক্ষত্ররা আমদের শিশু বয়স থেকেই পরিচিত দৃশ্য।

প্রথমেই দেখি আমাদের সবচেয়ে কাছের প্রাকৃতিক উপগ্রহ চাঁদকে। ঝক্ ঝকে গোলাকার বস্তু — একটু বিস্ময়ের উদ্রেক করে বৈকি! যতই ঝক্ ঝক্ করুক না কেন এর ঔজ্জ্বল্য ধার করা সূর্য্যের কাছ থেকে। সূর্য্যের আলো চাঁদের গায়ে প্রতিফলিত হয়ে পৃথিবীতে আমাদের চোখে পৌঁছচ্ছে। তাই আমরা চাঁদকে ঝক্ ঝকে দেখি। চাঁদ, পৃথিবী ও সূর্য্য এই তিনের বিভিন্ন অবস্থানের জন্যে হয় পূর্ণিমা, অমাবস্যা, চন্দ্রগ্রহণ ও সূর্য্যগ্রহণ। চাঁদের অভিকর্ষের ফলে পৃথিবীতে জোয়ার, ভাঁটা হয়। চাঁদকে আমরা উপগ্রহ বলি। পৃথিবীকে বলি গ্রহ।

পৃথিবী প্রদক্ষিণ করে সূর্য্যকে, চাঁদ প্রদক্ষিণ করে পৃথিবীকে। পৃথিবী লাট্টুর মত ঘুরতে ঘুরতে সূর্য্যকে প্রদক্ষিণ করে, চাঁদ কিন্তু পৃথিবীকে একদিকটাই দেখায়। পৃথিবী থেকে চাঁদের অপরদিক দেখা যায় না। অনন্ত মহাশূন্যে ভাসমান সবচেয়ে নিকটতম বস্তুপিণ্ড পৃথিবীর কাছের এই চাঁদ। তাই চাঁদের গুরুত্ব অপরিসীম।

চাঁদের দূরত্ব ২,৪০,২৫০ মাইল।

পৃথিবী থেকে সূর্য্যের দুরত্ব ৯,৩০,০০,০০০ মাইল। পৃথিবী সূর্য্যকে

প্রদক্ষিণ করে চলেছে সেকেন্ডে ৩০ কিলো মিটার গতিতে। তার মানে ঘন্টায় ৬৭,০০০ মাইল বেগে। এই বেগে এক বছর ঘুরলে সূর্য্যকে একবার প্রদক্ষিণ করা হয়। পৃথিবীর এই কক্ষপথের দৈর্ঘ্য ৫৮,৬৯,২০,০০০ মাইল। পৃথিবী নিজের অক্ষে পুরোপুরি ঘুরতে সময় নেয় ২৪ ঘন্টা। একে আমরা দিন বলি। এইরকম প্রায় ৩৬৫ দিনে পৃথিবী সূর্য্যকে প্রদক্ষিণ করে আসে। তাকে বলি বছর। শুধু পৃথিবী নয় আমরাও মহাশূন্যে প্রতিবছর এত মাইল ঘুরে আসি।

সূর্য্যের তৃতীয় গ্রহ এই পৃথিবী। সূর্য্যের সবচেয়ে নিকটবর্তী গ্রহ বুধ। এর লাগে তিন মাস সূর্য্যকে প্রদক্ষিণ করতে। পৃথিবীর বছরের মাপকাঠি দিয়ে বলছি।

তারপর শুক্র, এর লাগে সাত মাসের একটু বেশী। তারপর পৃথিবী। তারপর মঙ্গল গ্রহ। এর লাগে ১.৯ পার্থিব বছর সূর্য্যকে পরিক্রমা করতে। পৃথিবী ও মঙ্গলের মাঝে এক গ্রহাণুপুঞ্জ বা Asteroid Belt - ছোট বড় বস্তুপিণ্ডের সমন্বয়। এরাও ঘুরছে সূর্য্যকে বেড় দিয়ে। এ পর্যন্ত গ্রহমণ্ডলীকে বলা হয় আন্তঃসৌরমণ্ডল বা Inner Solar System. এদের মধ্যে সবচেয়ে বড় পৃথিবী।

এদের পরে গ্রহরাজ বৃহস্পতি। এর আয়তন এত বড় যে ১৩০০ র ওপর পৃথিবী ধরে যায়। পার্থিব ১২ বছরে বৃহস্পতির এক বছর। প্রায় ৮০ টি চাঁদ বা উপগ্রহ আছে তার। বিচিত্র সব জগৎ এই সব উপগ্রহের। এক উপগ্রহে এমন উঁচু আগ্নেয়গিরি আছে যে তার থেকে উৎক্ষিপ্ত লাভা উপগ্রহে

ফেরে না। উপগ্রহের অভিকর্ষকে টপকে তার ও বৃহস্পতির মাঝে ক্রমাগত বলয়াকারে জমা হচ্ছে উৎক্ষিপ্ত বস্তুপুঞ্জ। বৃহস্পতির আয়তন ও অন্যান্য ধর্ম Critical Mass পর্য্যালোচনা করে এই অভিমত দেওয়া চলে যে সে অঙ্কুরের জন্যে নক্ষত্র হতে গিয়েও হয় নি। তার অন্তরের আকর্ষণ এমনই প্রবল যে অনুমান করা হচ্ছে যে তার কেন্দ্রে বস্তু এক বিশালাকায় হীরক খণ্ডে রূপান্তরিত, যা প্রত্যেক Nova অবস্থায় নক্ষত্রে বিদ্যমান। এই Novaর কথা যথাসময় বলব। তারপর শনি মহারাজ প্রদক্ষিণরত। সূর্য্যকে এর প্রদক্ষিণ করতে লাগে ৩০ পার্থিব বছর। এর চাঁদ বা উপগ্রহের সংখ্যা ৮৩ টি। এর চারিদিকে বস্তুপুঞ্জ ৭টি বলয় অকারে ঘুরছে। যা বৃহস্পতিরও আছে। এই বস্তুপুঞ্জ নানান ধূমকেতু, asteroid, ধূলিকণা ঢাকা বরফের টুকরো দিয়ে গঠিত। শনি গ্রহও আয়তনে ৭৭২ গুন বড়। এরপর ইউরেনাস্। এর ২৭ টি উপগ্রহ; আয়তনে পৃথিবীর ৫৬ গুন। এর লাগে ৮৪ পার্থিব বছর সূর্য্যকে প্রদক্ষিণ করতে।

এরপর নেপচুন। এর লাগে ১৬৫ পার্থিব বছর সূর্য্যকে প্রদক্ষিণ করতে। আয়তন পৃথিবীর ৫৯ গুন। এর উপগ্রহের সংখ্যা ১৪ টি। তারপর প্লুটো। এর লাগে ২৪৮ পার্থিব বছর সূর্য্যকে প্রদক্ষিণ করতে। এর আয়তন পৃথিবীর ১/১০ ভাগ। এর ৫ টি উপগ্রহ। সম্প্রতি একে আর গ্রহ বলতে অস্বীকার করছেন জ্যোতির্বিদগণ। পৃথিবীর পর এই অবধি গ্রহমণ্ডলীকে বলা হয় বহিঃসৌরমণ্ডল বা Outer Solar System.

*** ***

নভোমণ্ডল, মহাকাশ, ছায়াপথ ,গ্যালাক্সি বা নক্ষত্রপুঞ্জ, নীহারিকা বা নেবুলা, কৃষ্ণগহ্বর বা ব্ল্যাক হোল ****

এই নবগ্রহ ছাড়াও দশম গ্রহ নিয়ে গবেষণা চলছে এবং গণিতের সাহায্যে তার অস্তিত্ব প্রমাণিত। গ্রহটি নেপচুনের আয়তনের সমান কিন্তু তার কক্ষপথ প্লুটোর কক্ষপথের থেকে বড়। তার নাম দেওয়া হয়েছে প্ল্যানেট এক্স - Planet X.

এই হল আমাদের সৌরজগত বা Solar system । এই পরিবার সমন্বিত সূর্য্যও কিন্তু স্থির হয়ে নেই। তিনিও ছুটে চলেছেন দূরবর্তী কালপুরুষ বা Orion নক্ষত্রমণ্ডলীর বাহুর দিকে। গতিবেগ ঘন্টায় ৯,০০,০০০ মাইল। সঙ্গে সঙ্গে আমরাও ছুটছি মহাশূন্যে। সবচেয়ে দূরবর্তী গ্রহ প্লুটোর কক্ষপথের দৈর্ঘ্য ৪৮৩,৮২,৪৪,০০০ মাইল। এই দূরত্ব যেতে আলোর লাগে প্রায় ৭ ঘন্টার মত। আলোর গতিবেগ সেকেন্ডে ১,৮৬,০০০ মাইল। এই দূরত্বের মাপ করতে হচ্ছে আমাদের মস্তিষ্কের সাহায্যে যেখানে মাপকাঠি মিটার, ফুট, গজ, মাইল ইত্যাদি। মনটাকে একটু স্থির করে এই ব্যাপ্তির কথা ভাবলে কিছুটা অনুভূতি আসবে এই দেশ বা Space সম্বন্ধে।এ হল আমাদের সৌরমণ্ডলের আয়তন। যা আজ অবধি আবিষ্কৃত। এরপর মহাশূন্য, যেখানে

ছড়িয়ে আছে দ্বীপের মত অসংখ্য নক্ষত্রমণ্ডলী। একটা দ্বীপ থেকে আরেকটা দ্বীপে যেতেই আলোর লাগে হাজার হাজার বছর সময়।

প্রথমে আমরা যে নক্ষত্রমণ্ডলী বা Galaxy র অন্তর্গত তার কথাই আলোচনা করি। আমাদের Galaxyকে বলা হয় Milkyway, যা বাংলায় ছায়াপথ বলে জানি। গ্রীকদেবী হিরোর স্তন থেকে দুধের ধারা ছড়িয়ে পড়েছিল যে প্রবাদ আছে তারই জন্যে বলা হয় Milkyway. আমাদের প্রচলিত ছায়াপথ শব্দটি যেন আরো রহস্যময় ইঙ্গিত বহন করছে। বলা হয় এ পথে দেবতারা যাতায়াত করেন। তা যাই প্রচলিত থাক না কেন আজ আমরা জানি এই Milkyway Galaxyতে অসংখ্য সূর্য্য তারকা এবং তাদের জন্মদাতা গ্যাসীয় পদার্থ বিদ্যমান। এই সমস্ত পদার্থ spirally বা সর্পিল ভাবে ঘুরে চলেছে। কেন্দ্রে কি আছে আজও সঠিকভাবে জানা যায় নি। তবে কিছু একটা আছে যাকে দেখা যাচ্ছে না কিন্তু তার অসম্ভব ভরের জন্যেই এই আবর্তন। এর এক একটা বাহুতে অগণিত ঘূর্ণায়মান নক্ষত্রমণ্ডলী। এই Galaxy কে একটি ঘূর্ণায়মান চক্রের সঙ্গে তুলনা করা চলে। আগে ভাবা হত সূর্য্যই এর কেন্দ্রস্থলে আছে। কিন্তু পরে এই ধারণা ভ্রান্ত প্রমাণিত হয়।

আমরা এই সৌরমণ্ডলের একটি বাহুতে আবদ্ধ আর তার নাম Orion Arm বা কালপুরুষ বাহু। এই বাহু প্রস্থে ২০০০ আলোকবর্ষ। আলোর ২০০০ বছর লাগে এর প্রস্থ অতিক্রম করতে। Milkyway Galaxy বা আমাদের ছায়াপথ দৈর্ঘে ৫০,০০০ আলোক বর্ষ। কেন্দ্রকে একবার

প্রদক্ষিণ করে আসতে সূর্যের ২,০০০ লক্ষ বছর লাগে। সূর্যের গতি সেকেণ্ডে ১৩৮ মাইল। মনকে একটু স্থির করে এই কক্ষপথের দৈর্ঘ্যকে মস্তিষ্ক দ্বারা অনুধাবন করলে মাথাটা ঝিম্‌ ঝিম্‌ করাই স্বাভাবিক। এই ঝিম্‌ ঝিম্‌ করা ভাবটা একটু বাড়িয়ে দি'। আমাদের এই Galaxyর মত অপরিমাপযোগ্য সংখ্যায় অন্যান্য Galaxy রা ছড়িয়ে আছে। তারা পরস্পরের কাছ থেকে অচিন্ত্যনীয় গতিতে দূরে সরে যাচ্ছে।

এবার আমরা খুব সহজ ভাবে এই ব্রহ্মাণ্ডের বর্ণনা করব।

*** ***

ব্রহ্মাণ্ডের স্বরূপ

আমরা আমাদের বর্তমানে যেমন দেখছি তাই বলব। যদিও আমরা বর্তমানে যাদের দেখছি তারা তো অতীত,তাই নয় কি ? একটা উদাহরণ দি'। আমাদের সূর্য্যের থেকে আলোক রশ্মি পৃথিবীতে আসতে সময় লাগে প্রায় ৮ মিনিট। যখন আমরা প্রথম সূর্য্যোদয় দেখি তার ৮ মিনিট আগেই সূর্য্য উঠে গেছে। কারণ ৮ মিনিট আগেই প্রথম সূর্য্যালোক সূর্য্য থেকে যাত্রা শুরু করেছে বলে সূর্য্য আমাদের কাছে ৮ মি অতীত। আমাদের দৃষ্টির মাধ্যম আলোক রশ্মি। তাই এই সমস্যা। এই ৮ মিনিট যখন ৫০,০০০ বছরে দাঁড়ায়, তখন যে বস্তু থেকে আলো আসতে পঞ্চাশ হাজার বছর সময় লাগছে সেই বস্তুকে দেখছি বস্তুর বর্তমান অবস্থা থেকে পঞ্চাশ হাজার বছর পরে। এমনও হওয়া স্বাভাবিক যে এই সময়ের মধ্যে সেই বস্তু ধ্বংস হয়ে গেছে আর আমরা তার প্রাক্তন প্রতিচ্ছবি দেখছি অথচ আমাদের বর্তমান সময়ে তার কোন অস্তিত্বই নেই। এটা দূরত্বের জন্যে হয়। অতিদূরে থাকা বস্তুর ফেলে যাওয়া অতীতকে বর্তমান বলে দেখতে হচ্ছে। তারপর একদিন আসবে তখন আর তাকে দেখতে পাব না এবং তখন বলব সেই বস্তুটি ধ্বংস হয়ে গেল। এই ঘটনা এ ব্রহ্মাণ্ডে নিত্যনৈমিত্তিক। এই দেশ ও কালের পরম্পরের সম্পর্ক সম্বন্ধে পরে আলোচনা করব। এখন দেখা যাক্ এই দৃশ্যমান ব্রহ্মাণ্ডে (Observable Universe) আমাদের অবস্থান কিরূপ?

৪৬০,০০,০০,০০০ বছর আগে আমাদের এই দৃশ্যমান ব্রহ্মাণ্ডের

জন্মের সময় প্রায় এক তৃতীয়াংশ ভাগে বিশাল গ্যাস ও ধূলিকণার সমষ্টি কেন্দ্রীভূত হয়। তার প্রচণ্ড চাপে কেন্দ্রে জন্ম নেয় এক তারকা তার নাম সূর্য্য।তার আশেপাশের বিভিন্ন পদার্থ ঠাণ্ডা হয়ে জমাট বাঁধার সময় সৃষ্টি হয় এই সৌরমণ্ডলীর গ্রহসম্ভার। তারপর কালের সর্বগ্রাসী কবলে পড়ে আমাদের এই মধ্যবয়স্ক সূর্য্য যখন তার হাইড্রোজেন জ্বালানি শেষ করে ফেলবে তার এই বৃহৎ তাপ কেন্দ্র চালাতে চালাতে তখন সে পরিণত হবে লাল দৈত্য বা Red Giant এ এবং তার আয়তন ক্রমশঃ বাড়তে বাড়তে বুধ ও শুক্রের সীমানা ছাড়িয়ে ক্রমে পৃথিবীকে দান করবে গলিতপ্রায় নরকের রূপ।   এই সূর্য্যের আশেপাশে যদি আমরা কুড়িটির মত সূর্য্যকে আমাদের পর্য্যবেক্ষণে আনি তবে দেখতে পাব; তারা হলঃ

Alpha Century, Bernards Star, Sirius, Epsilon Eridane, Ross-154, Procryon, Wolf 359, Luyten 726B, Luyten 725-32, Laceille 9352, Epsilon Indi, Tan Ceti, Lalande21185, 61 Cygni, Ross 248,   Groombridge 34, Struve 2398, Gidass 51-15, Luyten789-6, Luyten726-8.

এদের একটি নল বা Cylinder এর মধ্যে কল্পনা করলে এর ব্যাস হয় ২০ আলোকবর্ষ, মানে ২০ x ৩৬৫ x ২৪ x ৬০ x ৬০ x ৩,০০,০০০ কিলোমিটার = ১৮৯২,১৬,০০০,০০০,০০০ কিলো মিটার

*** ***

ব্রহ্মাণ্ড

আমাদের সূর্য্যকে সাধারণ এক পীতবর্ণের তারকা বলা যায় । এর সবচেয়ে কাছের প্রতিবেশী আলফা সেঞ্চুরি (Alpha Century)তে সূর্য্যের আলো পৌঁছতে সময় লাগে ৪.৩ বছর (আলোর গতিবেগ সেকেন্ডে ৩ লক্ষ কিলো মিটার)। আলফা সেঞ্চুরি আসলে তিনটি তারকার সমষ্টি, যারা প্রত্যেকের অভিকর্ষের দ্বারা প্রত্যেককে ধরে আছে। বেশীর ভাগ তারাই সঙ্গীযুক্ত - দুই বা ততোধিক। যারা সঙ্গীহীন তাদের গ্রহ-মণ্ডলী থাকা সম্ভব। বার্নাড তারকা যা ৬ আলোকবর্ষে দূরে , তার ওপর খবরদারী চলছে। এর কোন গ্রহ আছে কিনা যা আয়তনে বৃহস্পতির কাছাকাছি। এরপর আমাদের যেতে হবে Milkyway Galaxy র কাছে যাকে আমরা বলি ছায়াপথ। ১৯২০ সালের আগে এই ছায়াপথকেই ব্রহ্মাণ্ড কল্পনা করা হত। কিন্তু আজ আমরা জানি যে এই ব্রহ্মাণ্ডে আমাদের ছায়াপথের (Milkyway Galaxy) র মত কোটি কোটি Galaxy আছে। কোটি কোটি তারকা সমন্বিত বিস্তৃত নক্ষত্রমণ্ডলী অবিরাম ঘুরে চলছে। এর মধ্যের অংশ বহু বৃদ্ধ ও লোহিতবর্ণের তারকার দ্বারা উজ্জ্বলিত। এর spiral বা সর্পিল বাহু কেবল গ্যাস ও ধূলিকণার সমষ্টি এবং এর থেকে অহরহঃ সৃষ্টি হচ্ছে নূতন নূতন তারকা। এই ছায়াপথের সীমা ছাড়িয়ে গেল্ আমরা প্রতিটি দিকেই Galaxy দেখতে পাব। অন্ততঃ ২০ টি Galaxy বিন্যাসের অন্তর্গত এক অংশে আমাদের নিজস্ব Galaxy বা ছায়াপথ। এদের নাম দেওয়া হয়েছে Local Group বা

স্থানীয় সমষ্টি।

ব্রহ্মাণ্ডের প্রকৃতি নির্ণয়ে জ্যোতির্বিদ Allan Sandage বলেন, ''পদার্থ বিদ্যায় অণুর যা স্থান , জ্যোতির্বিদ্যায় Galaxyর তাই স্থান।''

আমাদের ছায়াপথ , তার সাথী অ্যান্ড্রোমিডা Andromeda Galaxy M31 এবং তাদের চেয়েও ছোট M33 - এই তিনজনই খুব দ্রুত গতিতে spirally ঘুরে ঘুরে ছুটে চলেছে। এই Andromeda Galaxy র মধ্যে শত শত তারকা গুচ্ছ এবং ধূলিমণ্ডিত মেঘ বর্তমান। আগে ভুল করে একে Milkyway Galaxy র Nebula বা Cloud বা নীহারিকা মনে করা হত। NGC (New Galactic Chart) 205 একটি উপবৃত্তাকার Galaxy যার মধ্যে বৃদ্ধ তারকার ভীড় বেশী। যাদের Large & Small Megallanic Cloud বলা হয় তারা নিজেরা অসম বা Irregular Galaxy . এই Galaxy সমূহ যদিও মনে হয় ইচ্ছামত ঘুরছে , তবুও নিজেদের পরস্পরের অভিকর্ষের ফলে ছিটকে যায় না - এমনকি ব্রহ্মাণ্ডের স্ফীতি সত্ত্বেও। এই ২০ টি Galaxy হলঃ MILKYWAY, LEO I & II, URSA MINOR DRACO, SCULPTOR, SMALL AND LARGE MEGALLANIC CLOUD, FORNAX, CARINA, IC 1613, M33, ANDROMEDA, M 31, M32, NGC 205, NGC 185, And I ,II & III, NGC 147.

এরা ২,০০,০০০ আলোকবর্ষ ব্যাপ্ত মহাব্যোমে অবস্থান করছে। এই Local Group যেন ঝাঁক ঝাঁক জাহাজের মত এক একটি Local

Supercluster এর অন্তর্গত। ব্যাপ্তি প্রায় ৭৫,০০০,০০০ আলোকবর্ষ জুড়ে।

Virgo বা কন্যারাশি খুবই সমৃদ্ধ তারকামণ্ডলী — এর অবস্থান Local Group থেকে প্রায় ৫০,০০০,০০০ আলোকবর্ষ দূরে। ; এবং Local Supercluster এর অনেকটা কেন্দ্রস্থলে। এই Super Cluster দের ওপর গবেষণা চালিয়ে রীতিমত চাঞ্চল্যকর তথ্য পাওয়া গেছে।দেখা গেছে অনন্তবিস্তৃত মহাশূন্য ছড়িয়ে আছে এক Supercluster থেকে আর এক Supercluster এর মধ্যে। কিছু কিছু জ্যোতির্বিদ মনে করেন যে এই ব্রহ্মাণ্ড যেন একটি বিরাট স্পঞ্জ এবং এক মহাশূন্য থেকে অপর মহাশূন্যের ভিতর আছে এক সংযোগকারী সূক্ষ্ম শিরা বা Thin Filament.

জ্যোতির্বিদেরা এই সমৃদ্ধশালী গোষ্ঠীদের ভর বার করেছেন ব্রহ্মাণ্ডের জড়ের ঘনত্ব নির্ণয় করার জন্যে। এই ঘনত্ব যদি এক ন্যূনতম অঙ্কের সমান বা কম হয় তাহলে Matter বা জড় পদার্থ সমূহ একে অপরকে ফেলে চিরদিনের মত হারিয়ে যাবে ব্রহ্মাণ্ড স্ফীতির ফলে। যদি বেশী হয় তবে অভিকর্ষজ বলে ব্রহ্মাণ্ডস্ফীতি বন্ধ হয়ে ব্রহ্মাণ্ড সংকোচন ঘটবে।

*** ***

ব্রহ্মাণ্ড - ২

এই Supercluster-এর অবস্থান আরো কোটি কোটি Supercluster এবং Quasar এর মধ্যে। যদি আমরা গভীর মহাশূন্যে তাকাই তাহলে দেখতে পাব এই সব Supercluster, Quasar এবং Galaxy , এরা প্রত্যেক আমাদের থেকে দূরে সরে যাচ্ছে। দৃশ্যমান মহাজাগতিক দিগন্তে আমরা দেখি খালি Quasar বা Quasi Stellar Object এর ছড়াছড়ি, এবং আরো এক চিত্ত-চাঞ্চল্যকারী ঘটনা — সৃষ্টির প্রারম্ভের (Big bang) সুষম বিকিরণ ছটা। এই ব্রহ্মাণ্ডের কোন কেন্দ্রবিন্দু নেই, যে কোন দর্শক (Observer) যে কোন অবস্থানে একই ফল প্রত্যক্ষ করবে।এই ব্রহ্মাণ্ড ISOTROPIC (বাংলা করতে পারছি না। সব দিক থেকে একে একই রকম লাগার কথা।)

Quasar হল সবচেয়ে দূরবর্তী মহাজাগতিক বস্তু বলে জানা ছিল। নিচের Image 2 ছবিটা শিল্পীর কল্পনা যেখান Artist's rendering of the accretion disc in ULAS J1120+0641, a very distant quasar powered by a supermassive black hole with a mass two billion times that of the Sun.

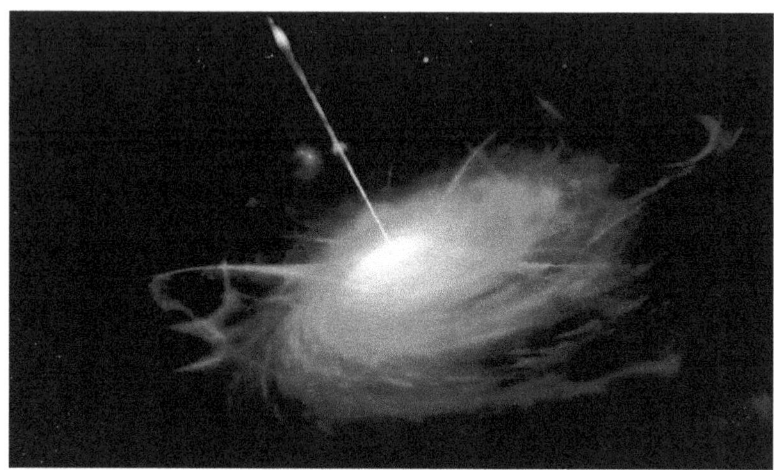

Image 2

এখন অবশ্য Galaxy Candidate HD1 হল সবচেয়ে দূরবর্তী মহাজাগতিক বস্তু। এর দূরত্ব হল মোটামুটি ১৩৫০০০০০০০০ আলোকবর্ষ। নিচে এর ছবি দিলাম - Image 3. Big Bang এর ১০ কোটি বছর পর প্রথম Galaxy!

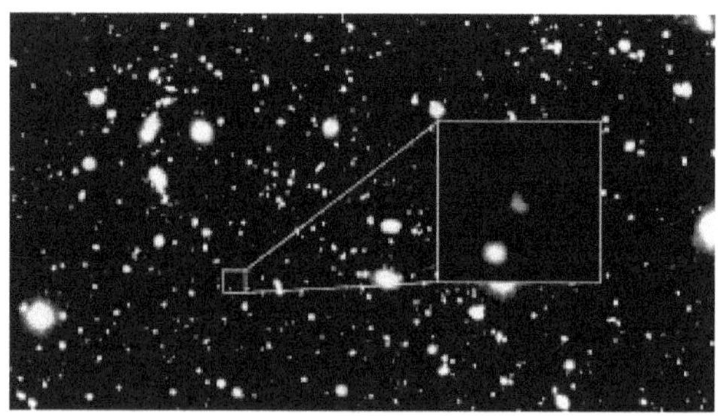

Image 3

যাই হোক, Quasar খুবই রহস্যময় এবং অফুরন্ত শক্তি ও

ঔজ্জ্বল্যের আধার। আমাদের Milkyway Galaxyর আয়তনের চেয়ে অনেক ছোট Quasar আমাদের Galaxy র মত শত শত Galaxy র মিলিত শক্তি বিকিরণের চেয়েও বেশি শক্তি বিকিরণের ক্ষমতা রাখে। সবচেয়ে দূরবর্তী মহাজাগতিক বস্তু আলোকের গতির ৯০ শতাংশ গতিবেগে আমাদের কাছ থেকে দূরে সরে যাচ্ছে। তাদের আলোক আমাদের কাছে আসতে কোটি কোটি বছর লেগেছে। এই সময়ের মধ্যে তাদের নিশ্চয়ই আরো পরিবর্তন হয়েছে। সেটা জানার কোন উপায় বিজ্ঞানের জানা নেই, কেবল Simulation পদ্ধতিতে কম্পুটারে দেখা ছাড়া। এই সব বস্তুর দিকে দৃষ্টিপাত করা মানেই কোটি কোটি বছর আগেকার ব্রহ্মাণ্ডের স্বরূপ দর্শন ছাড়া কিছুই নয়। আধুনিক জ্যোতির্বিদদের অক্লান্ত পরিশ্রমের ফলে আবিষ্কৃত যন্ত্ররাশির দ্বারা এক অভিনব ঘটনা প্রত্যক্ষ করা সম্ভব হয়। বহুদূর এক Galaxy তে লক্ষ্য করা গেছে যে তার থেকে ক্রমাগত পদার্থপুঞ্জ উদ্গীরিত হয়ে ছড়িয়ে পড়ছে মহাকাশে। সেই পদার্থপুঞ্জ প্রস্থে প্রায় পাঁচ আলোকবর্ষের সমান বা ৫x১৮৬০০০x৬০x৬০x২৪x৩৬৫ মাইল বা ২৯,৩২৮,৪৮০,০০০,০০০ মাইল। সে কেবল এই বিশাল পদার্থ প্রবাহের এক অংশ মাত্র। সেই Galaxy টি একটি বিশেষ Galaxy যাতে প্রথম স্বীকৃত Quasar 3C 48 and 3C 273 এর সন্ধান পাওয়া যায়।

*** ***

ব্রহ্মাণ্ড – QUASAR & BLACK HOLE

গত ১৯৬০ সালে প্রথম Quasar আবিষ্কারের পর থেকে আজও সমস্ত জ্যোতির্বিদ সমাজ এই Quasar এর ব্যাপার স্যাপার দেখে স্তম্ভিত। সীমাহীন দূরত্বে এরা এক একটি আলোর বিন্দু বই কিছুই মনে হয়না।এরা আমাদের থেকে অকল্পনীয় গতিতে দূরে সরে যাচ্ছে। কিন্তু এরা একটা Galaxyর থেকে বহু সহস্রগুণ আলোক বিকিরণকারী বস্তু। কেন Quasarএর বিচ্ছুরিত শক্তি পরিমাপ করতে প্রথমে এক বিরাট আণবিক

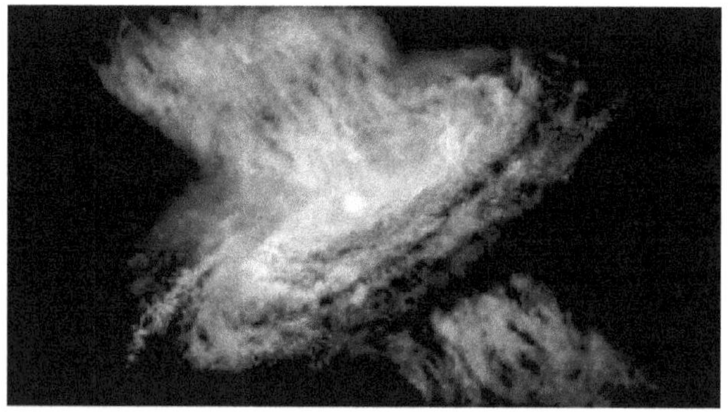

Image 4

বিদ্যুৎ উৎপাদন কেন্দ্রের শক্তির কথা ধরা যাক্ — যা ১০০০ মেগা ওয়াট বিদ্যুৎ উৎপাদনে সক্ষম। এবার একে ১০^৩১ দিয়ে গুণ করে যে ফল পাওয়া যাবে তাই হবে ঐ বিচ্ছুরিত শক্তির মাপ। মহাকাশ বিজ্ঞানীরা বলেন যে অশান্ত Galaxyদের অন্তঃস্থলে এই Quasar এর স্থান।এখনও পর্য্যন্ত দশ লক্ষেরও বেশী Quasar এর খোঁজ পাওয়া গেছে। সবছেয়ে কাছেরটি

৬০ কোটি আলোকবর্ষ দূরে।

বিজ্ঞানীদের অনেকেই মনে করেন এই ব্রহ্মাণ্ডের এখনকার বয়সের এক চতুর্থাংশে Quasar দের দীপ জ্বলে ওঠে। সেই থেকে এরা সমানে আমাদের থেকে দূরে সরে যাচ্ছে। আজ আমরা যাদের দেখি হয়তো এতদিনে তারা নিঃশেষ হয়ে গেছে ব্রহ্মাণ্ডে শক্তি বিকিরণ করতে করতে।

এই Quasar এর শক্তির উৎস কোথায়? এই প্রশ্নের উত্তর খুঁজতে খুঁজতে নানা মতবাদ এসে হাজির। যার একটি যা অনেকেই মনে করেন — এই উৎস Galaxyর হৃদয়ে অবস্থিত। তাঁদের ধারণা সেখানে এক অতি উত্তপ্ত ঘূর্ণায়মান চক্র বা accretion disk অবস্থিত, যা তার দিকে প্রবাহিত গ্যাসীয় পদার্থকে ঘুরন্ত জাঁতাকলে ফেলে তার গতিবেগকে আলোকের গতির সমান করে ছেড়ে দেয়। এই হৃদয়মণ্ডলীর ব্যাস আন্দাজ করা হচ্ছে পৃথিবী থেকে প্লুটো গ্রহের দূরত্বের প্রায় তিনগুণ। আর সেই রহস্যময় হৃদয় কোরকে গাঁথা আছে এক বিশাল ঘূর্ণায়মান আরো রহস্যময় BLACK HOLE বা কৃষ্ণগহ্বর। উপরোক্ত বস্তুর নাম কেন কৃষ্ণগহ্বর তা নিচের বক্তব্যে প্রকাশ পাবে।এদের অস্তিত্ব প্রমাণ করা প্রায় অসম্ভব ব্যাপার। যখন পদার্থ বা Matter এক অতীব ঘনীভূত অবস্থায় পৌঁছয় তখনই এর সৃষ্টি।যদি আমাদের পৃথিবীকে দুমড়ে মুচড়ে একটা মার্বেলের আকারে আনা যায় তো পৃথিবী একটি Black hole হতে পারে। সেই ঘনীভূত পদার্থের অভিকর্ষ এত প্রবল হয় যে সমস্ত বস্তু এমন কি আলোক রশ্মি পর্য্যন্ত তার কাছ-ছাড়া

হতে দেয় না। তার থেকে বিচ্ছুরিত আলোক রশ্মি আবার তাতেই ফিরে আসে।প্রবল মাধ্যাকর্ষণের টানে আলোকরশ্মি পর্য্যন্ত বন্দীদশা কাটাতে পারে না যেহেতু বিকিরিত আলোক বাইরে যায় না সেইহেতু সে এই দৃশ্যমান ব্রহ্মাণ্ডে অদৃশ্য হয়ে যায়।আরো একটি ঘটনা ঘটে – তার অস্বাভাবিক আকর্ষণের ফলহেতু তার আশপাশের দেশ বা Space কেও সে বাঁকিয়ে নেয় এবং নিজের সৃষ্ট গহ্বরে চিরকালের মত হারিয়ে যায় এই দৃশ্যমান ব্রহ্মাণ্ড থেকে।

*** ***

BLACK HOLE – CURVATURE OF SPACE ETC.

এই অকল্পনীয় মাধ্যাকর্ষণ স্থান (space) ও কাল (time) এর সঙ্গে অদ্ভুত ব্যবহার করে। স্যার অ্যালবার্ট আইনস্টাইনের মতে কাল বা Time ব্যাপারটা দৈর্ঘ্য, প্রস্থের মতই আর একটি মাত্রা। এই মুহূর্তে আমি স্থান ও কালের এক বিন্দুতে আছি। ভবিষ্যৎ বা অতীত আছে কিন্তু অন্য কোথাও। ধরা যাক্‌ আমি এই কৃষ্ণগহ্বরে বা Black Hole এ পড়ে গেছি। যদি আমি আমার মাথা ঘোরাই তো প্রত্যক্ষ করব এই সমগ্র ব্রহ্মাণ্ডের ভবিষ্যৎ কার্য্যকলাপ পর পর ঘটে যাচ্ছে কিন্তু কেউ যদি ঐ মাধ্যাকর্ষণের গভীর বাইরে থাকে তো সে দেখবে যে গহ্বরের গণ্ডী পেরোতেই আমার অনন্তকাল লেগে যাচ্ছে।

এই Black Hole মোটামুটি তিনটি মাপের হয়। বিশেষজ্ঞেরা বলেন, Big Bangএর (বিশ্বসৃষ্টির সম্বন্ধে প্রচলিত ধারণা) পরের মুহূর্তেই অতি ঘনীভূত অংশ ভেঙে সৃষ্টি হয়েছিল অত্যন্ত ছোট ছোট Black Holeএর। বাকি ব্রহ্মাণ্ডে স্ফীতির কার্য্য চলছিল। এই Black Holeদের ব্যাস ছিল একটি পরমাণুর নিউক্লিয়াসের মত কিন্তু তার ভর ছিল কোটি কোটি টন। এরা বহু আগেই ধ্বংস হয়ে গেছে প্রচণ্ড বিস্ফোরণের পরে। হয়তো এখনও কিছু রয়ে যেতে পারে। যার জন্যে মাঝে মাঝে প্রচণ্ড বিস্ফোরণ ঘটে এই মহাকাশে। মাঝারি আকারের Black Hole তৈরী হয়

যখন খুব একটি বড় তারকা ধ্বংস হতে হতে Neutron Star-এর ধাপে এসে আটকে যায়। তারা তাদের নিজেদের তৈরী গহ্বরে আটকা পড়ে বন্দীদশা যাপন করে।

Image 5

যমজ তারকার একটি Neutron Star-এ যদি তার সঙ্গীর দেহ থেকে পদার্থ টেনে ভরের নির্দিষ্ট সীমা অতিক্রম করে তো সে মাঝারি মাপের Black Hole এ পরিবর্তিত হয়। Pulsar Star এরা ৩০০ কোটি বছরে মিলিত হলে এই জাতের Black Hole এর সৃষ্টি হয়। [image 6]

PULSAR STARS কিন্তু যারা দৈত্যাকার Black Hole যারা Galaxy র মধ্যস্থলে থাকে তারা হয়তো Galaxy-র প্রাথমিক গঠন পর্যায় তৈরী হয়। মাধ্যাকর্ষণের ফলে ঘূর্ণির টানে পদার্থসমূহ যখন কেন্দ্রস্থলের

দিকে আকর্ষিত হয় তখনই সৃষ্টি হয় Black Hole.

Image 6

NGC 4151 Galaxyর Black Holeএর ভর ১০০ কোটি সূর্যের ভরের সমান। কিন্তু তার ব্যাস মাত্র পৃথিবী আর বৃহস্পতির দূরত্বের তিন চতুর্থাংশ মাত্র।

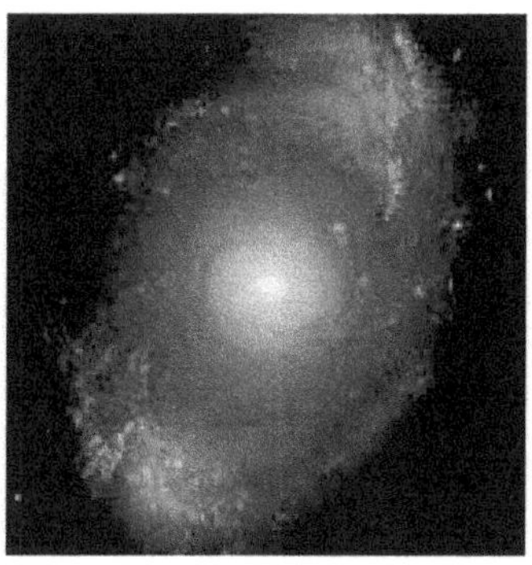

NGC 4151 Galaxy Image.

BLACK HOLE

এই Black Hole দের খাদ্য তারকামণ্ডলী। এদের প্রচণ্ড টানে তারকা এসে পড়ে এদের আওতায় আর নিজেকে নিঃশেষ করে দিয়ে যায় অফুরন্ত শক্তি আর আলোর ফোয়ারা। এ এক অভিনব শক্তি উৎপাদনের উপায়। এখন মনে করা হচ্ছে Quasar হচ্ছে একটা অবস্থা যার মধ্যে দিয়ে Galaxy পার হয়ে এসেছ যখন তাদের ভিতরের Black Holeরা তাদের মাধ্যাকর্ষণের গণ্ডীর ভিতরের সব তারা ও গ্যাসীয় মণ্ডল ভক্ষণ করে চলছিল। যখন ব্রহ্মাণ্ড এখনকার আয়তনের ১/৪ ভাগ ছিল তখন স্থান সংকুলানে নক্ষত্রের সংঘর্ষে নিজেরা নিজেদের জাতভাইদের খাদ্যবস্তুতে পরিণত করত। সুতরাং এই Quasar অবস্থায় খাদ্যের অভাব ছিল না বোধহয় এদের মাঝে।এই Quasar এর কাল ফুরিয়েছে। আপাত-ভাবে মনে হয় বেশীরভাগ Galaxy নিজেদের কেন্দ্রের কাছের জ্বালানি শেষ করে ফেলেছে। তখন পড়ে আছে পূর্বপরিচিত Black Hole এবং এরা শান্তভাবে খাদ্যের জন্যে ওৎ পেতে আছ। মাঝে মধ্যে তারকা খাদকের চিহ্ন পাওয়া যাচ্ছে।

Centaurs A Galaxyর অশান্ত কেন্দ্রে এক আশ্চর্য এক কালো band দেখা গেছে।

CENTAURUS A

এটা মনে করা হচ্ছে যে এই Cen A ছায়াপথের চেয়েও বড় আর একটা Galaxyকে ছিন্নভিন্ন করছিল এবং অবশিষ্ট অংশ এখন Cen Abর কালো দৈত্যকে খাদ্যের যোগান জুগিয়ে চলেছে। এখন প্রশ্ন হল আমাদের ছায়াপথের মাঝে কি এরকম কোন দৈত্য ঘুমোচ্ছে?

Radio Astronomerরা এক অস্বাভাবিক বিন্দু দেখছে আমাদের ছায়াপথের কেন্দ্রে। এটা একটা Black Hole মনে করা হচ্ছে। Sagittarius A* আমাদের Galaxyর এক Supermassive Black Hole [Image 9] অনুমান করা হচ্ছে।

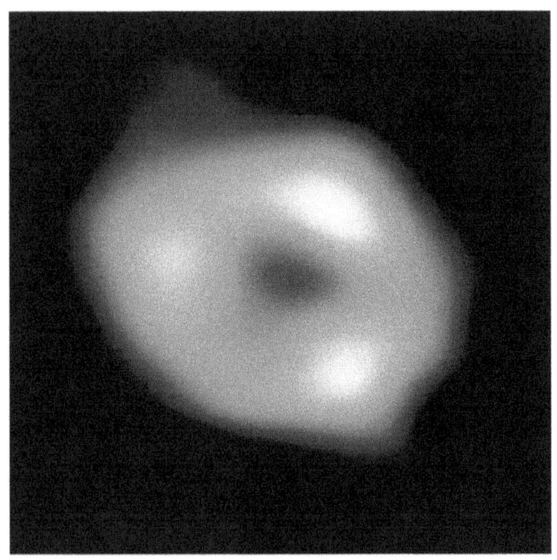

Image 9 Sagittarius A*

নক্ষত্রের জন্ম ও মৃত্যু

"জ্যোতিষ্ক পদার্থ সমূহের মধ্যে আমার যে মন সুপ্তাবস্থায় বা জাগ্রত অবস্থায় দূর হইতে দূরান্তরে বিচরণ করে, তাহা এখন শুভসঙ্কল্পে পর্য্যবসিত হউক" — যজুর্বেদ ॥

আমাদের এই সজীব গ্রহ এবং মহাদেশ, সাগর ও প্রাণী সমাজ , সবই তৈরী হয়েছে কোন এক নক্ষত্র দধীচির আত্মত্যাগে। হাইড্রোজেন, হিলিয়াম তৈরী হয়েছে Big Bang এর ফলে, কিন্তু জটিল অণুসমষ্টি যা দিয়ে এই পৃথিবী ও তার বাসিন্দারা তৈরী হয়েছে, তাদের জন্ম এক মৃত্যু পথযাত্রী তারকার শরীরের অংশ থেকে।

Spiral Galaxy-র বাহু নক্ষত্রের ধ্বংসাবশেষে সমৃদ্ধ, সঙ্গে থাকে ঠান্ডা হওয়া গ্যাসীয় মেঘ ও ধূলো — যা নতুন তারকার আঁতুড় ঘর বলা যায়। যখন কোন Galaxy র বাহুতে ক্রমে চাপযুক্ত হয় তখন সে নিজের অভিকর্ষে নিজেই কেন্দ্রীভূত হয় এবং সেই কেন্দ্রীভূত পদার্থ যদি যথেষ্ট পরিমাণ থাকে তবে সে তারকার রূপ ধারণ করে জ্বলে ওঠে। এই কেন্দ্রীভূত ভর যদি আমাদের সূর্যের ভরের ১/১০ ভাগের কম হয় তো সে হয় 'Brown Dwarf, বা খয়েরী বামন [Image 10]। সৌরমণ্ডলের গ্রহরাজ এই জাতের বস্তু। কিন্তু অপেক্ষাকৃত ছোট বলে Nuclear Fusion বা পারমানবিক গলনে জ্বলে ওঠেনি কিন্তু এখনও পর্য্যন্ত তাপ বিকিরণ করে

চলেছে। আমাদের সূর্য্যদেবের অথবা তার ভরের সমতুল যে কোন

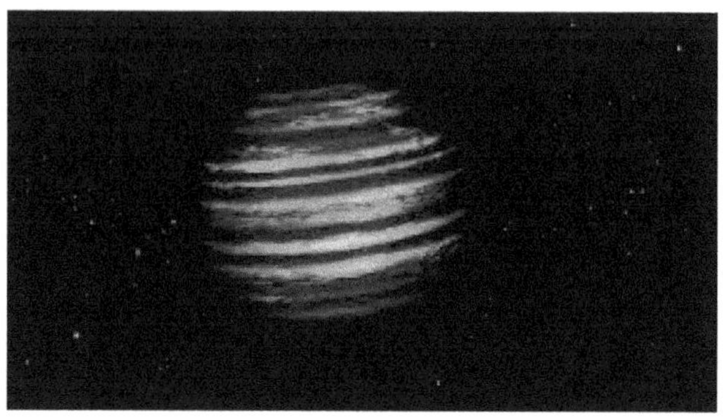

Image 10

তারকার একটি বিশিষ্ট ইতিহাস থাকে। এরা সৃষ্টির প্রাথমিক অবস্থায় গ্যাস ও ধূলিকণা সমৃদ্ধ Nebula হিসেবে থাকে।যখন যথেষ্ট পরিমাণ পদার্থ কেন্দ্রীভূত হয় তখন কেন্দ্রের অংশ বিস্ফোরণে অংশ গ্রহণ করে এবং তারকার সৃষ্টি হয়। তখন পদার্থ বিকিরণের ঝড় চলতে থাকে এই বিশেষ অবস্থায়। তারপর হাইড্রাজেন থেকে হিলিয়াম এর উৎপত্তি চলতে থাকে। (আমাদের সূর্য্যের বয়স ৪৬০ কোটি বছর, এবং এই কাণ্ডকারখানার মাঝামাঝি অবস্থায় পর্য্যায় সে আছে)। অতঃপর হাইড্রোজেনের ভাঁড়ার শেষ, কারণ তারা যুক্ত হয়ে হিলিয়াম হয়ে গেছে। এখন কেন্দ্রে চলতে থাকে আকুঞ্চন এবং অধিক পরিমাণে জ্বলন কার্য্য।কিন্তু বাইরের খোলস বেড়েই চলে - এই অবস্থায় তারাকে বলে Red Giant বা লাল দৈত্য [Image 11]।

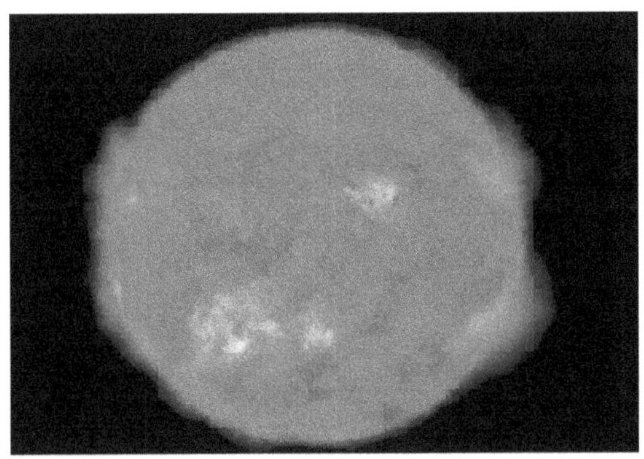

Image 11

যার অন্তঃস্থল এখন বিশুদ্ধ হিলিয়ামে ভরা আর চারিপাশে ক্রমাগত গলিত হাইড্রোজেনের আস্তরণ। আরো সংকোচন ও উত্তাপে এবার হিলিয়ামের গলন শুরু এবং তার থেকে উৎপন্ন শক্তি বিকিরণের খেলা চলে সহস্র সহস্র বছর। পরিশেষে হিলিয়াম রূপান্তরিত হয় কার্বনে- যা একটি স্থায়ী অবস্থা।বহিরাবরণ ধীরে ধীরে সরে গিয়ে মহাশূন্যে মিশে যায়। তখন এই উন্মুক্ত কেন্দ্র যাকে বলা হয় White Dwarf বা সাদা বামন।যা ধীরে ধীরে ঠাণ্ডা হয় [Image 12]।

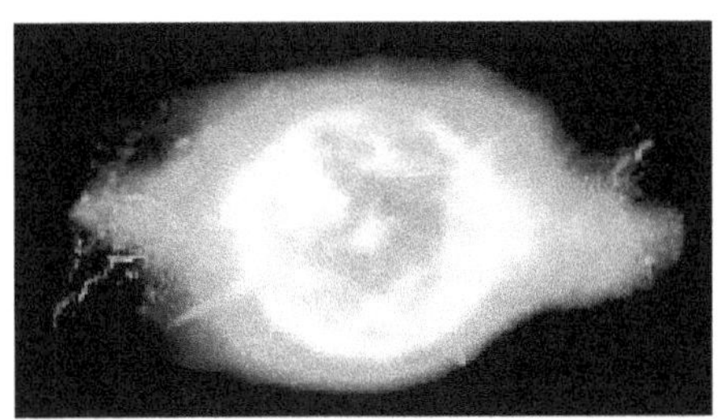

Image 12

মনে পড়ে এক কবির কথা "Like a diamond In the sky"- সত্যি হয়তো কেন্দ্রীভূত কার্বন এক বিশাল হীরক খণ্ডে পরিণত হবে।

নক্ষত্রের জন্ম ও মৃত্যু (২)

আমাদের সূর্যের ভরের দশগুণ ভরসম্পন্ন তারকার একই প্রক্রিয়ায় তার জীবন শুরু কিন্তু তার ভরের জন্যেই অনেক তাড়াতাড়ি তার শেষের দিন চিহ্নিত হতে থাকে। তার কেন্দ্র প্রথমে হিলিয়ম, তারপর কার্বন এবং সবশেষে লোহায় পরিণত হয়। লোহা কিন্তু শক্তি বিকিরণের পরিবর্তে শক্তি শুষে নেয়। সেই মুহূর্তেই প্রচণ্ড অভিকর্ষের বলে কেন্দ্রের ওপর ভীষণ চাপ পড়ে। ফলে অতি ঘনীভূত অবস্থায় পৌঁছে সেই কেন্দ্র বাইরের দিকে আঘাতের ঢেউ পাঠাতে থাকে। এই আঘাত বহিরাবরণে উত্তাপ সৃষ্টি করতে থাকে। একসময় তার বিস্ফোরণ ঘটে শত সহস্র কোটি সূর্যের দীপ্তি নিয়ে। নাম তার Supernova, [Image 13] যা ১৯৮৭ সালে মার্চ-এপ্রিলে LMCতে ধরা পড়ে। তার অন্তঃস্থলে শুধু পড়ে থাকে পদার্থকণা নিউট্রন।

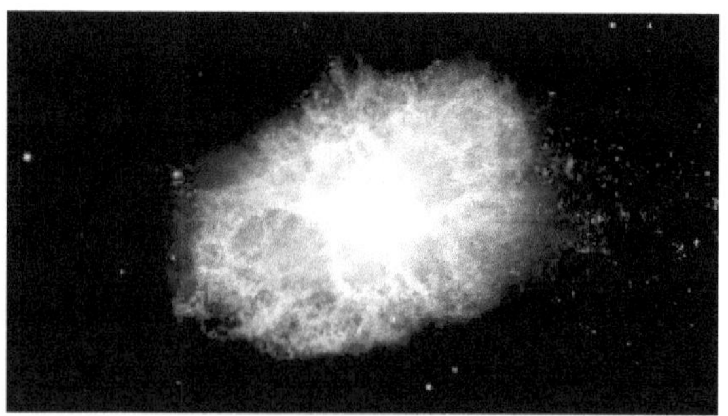

Image 13

বরফের ওপর স্কেটিং করার সময় খেলোয়াড়রা যখন তাদের প্রসারিত বাহুদ্বয়কে গুটিয়ে আনে তখন তাদের ঘূর্ণনের গতিবেগ বেড়ে যায়। তেমনি এখানেও অভিকর্ষের টানের ফলে পদার্থ সমূহ যখন কেন্দ্রীভূত হয় তখন তার ঘূর্ণন বেড়ে যায়। এর ফলে চৌম্বক ক্ষেত্রের শক্তি বেড়ে যায় দশ কোটি গুণ। এই ক্ষেত্রের সংস্পর্শে তড়িতাহত কণাসমষ্টির বিচ্ছুরণ ঘটতে থাকে। তখন একে বলা হয় Pulsar Star বা স্পন্দিত তারকা। তারকাটি তখন নির্দিষ্ট সময়ের ব্যবধানে বেতার ও অন্যান্য তরঙ্গ ছড়াতে থাকে। এ যেন মহাকাশের Lighthouse বা বাতিঘর [Image 14]।

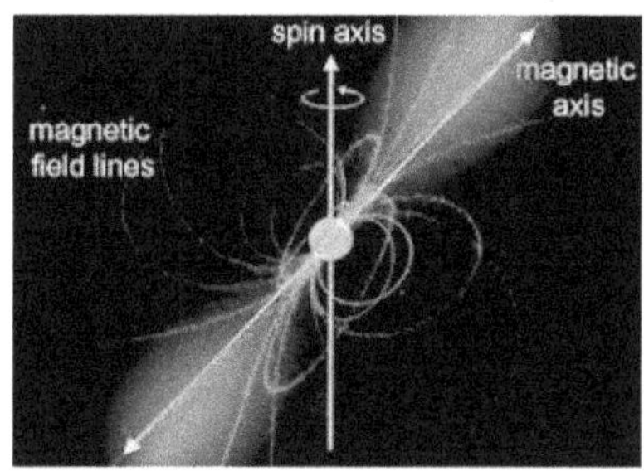

Image 14

সূর্যের থেকে তিরিশ বা পঞ্চাশ গুণ ভরসম্পন্ন তারার জন্ম থেকে মৃত্যু সময় বা আয়ু অপেক্ষাকৃত কম। এদের জ্বালানি যখন শেষ হয়ে যায় তখন কেন্দ্রকে স্বকীয় অভিকর্ষের বিরুদ্ধে ধরে রাখার কিছুই থাকে না।তখন সে আমাদের পূর্বপরিচিত Black Hole এ পরিণত হয়ে হারিয়ে যায় নিজস্ব সৃষ্ট অনন্ত কাল গহ্বরে।

ব্রহ্মাণ্ড জন্মবৃত্তান্ত ও সময় নিরূপণ

"বীজস্যান্তরিবাঙ্কুরো জগদিদং প্রাঙ্ নির্বিকল্পং পুনর্মায়াকল্পিত দেশকালকলনা বৈচিত্র্যচিত্রীকৃতম্ মায়াবীব বিজৃম্ভয়ত্যহপি মহাযোগীব যঃ স্বেচ্ছয়া তস্মৈ শ্রীগুরুমূর্তয়ে নম ইদং শ্রীদক্ষিণামূর্তয়ে"

—মহাত্মা শঙ্করাচার্য্য

আধুনিকতম পদার্থবিদ্যার বক্তব্য উপরোক্ত অনুভূতির নামান্তর মাত্র। বিজ্ঞানীদের মতে এই ব্রহ্মাণ্ডের বয়স যখন প্রায় শূন্য মানে (10^{-43} সেকেন্ড) তখন তার আয়তন মাত্র 10^{-28} সেন্টি মিটার অর্থাৎ একটি হাইড্রোজেন পরমাণুর থেকেও বহুগুণ ছোট। যাবতীয় সমস্ত দৃশ্যমান ও অদৃশ্য পদার্থ তার মধ্যেই ছিল বীজ আকারে গুটিয়ে, এমন কি ব্রহ্মাণ্ডজ দেশ ও কালেরও ঐ এক অবস্থা। দেশ (Space) ছিল না তাই কাল(Time) ও অনুপস্থিত। যদিও আয়তন তার ছিল না বললেই চলে তবু তার ভর ছিল অপরিসীম। তারপর দেখতে পাই মহাবিস্ফোরণ যার নাম Big Bang এবং যার ফলে শুরু হয় ব্রহ্মাণ্ড স্ফীতি। Image..15

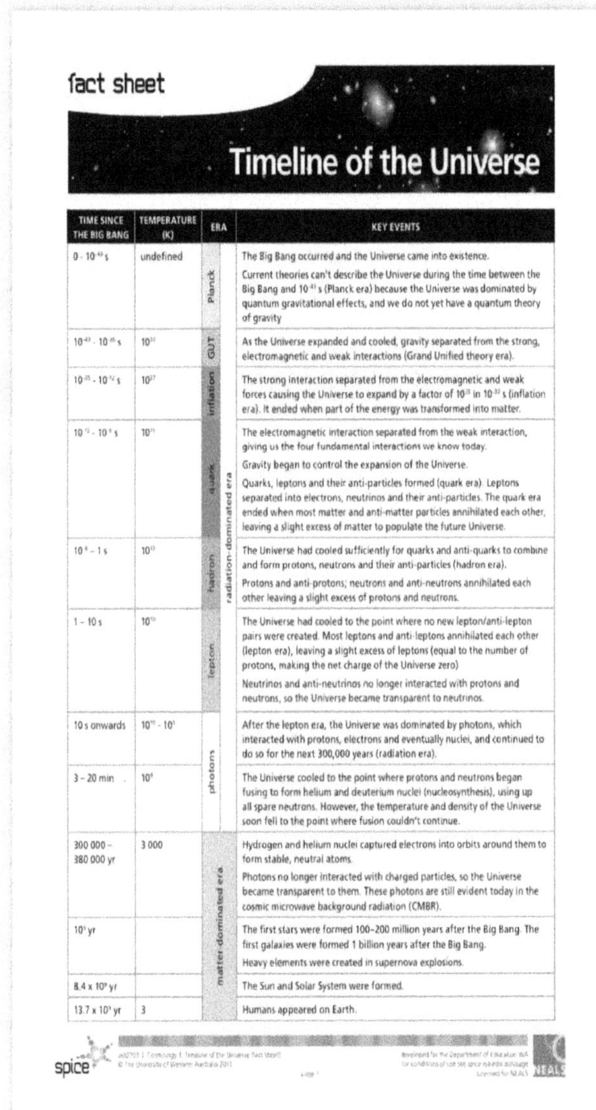

TIME SINCE THE BIG BANG	TEMPERATURE (K)	ERA	KEY EVENTS
$0 - 10^{-43}$ s	undefined	Planck	The Big Bang occurred and the Universe came into existence. Current theories can't describe the Universe during the time between the Big Bang and 10^{-43} s (Planck era) because the Universe was dominated by quantum gravitational effects, and we do not yet have a quantum theory of gravity
$10^{-43} - 10^{-35}$ s	10^{32}	GUT	As the Universe expanded and cooled, gravity separated from the strong, electromagnetic and weak interactions (Grand Unified theory era).
$10^{-35} - 10^{-32}$ s	10^{27}	inflation	The strong interaction separated from the electromagnetic and weak forces causing the Universe to expand by a factor of 10^{35} in 10^{-32} s (inflation era). It ended when part of the energy was transformed into matter.
$10^{-32} - 10^{-6}$ s	10^{15}	quark / radiation-dominated era	The electromagnetic interaction separated from the weak interaction, giving us the four fundamental interactions we know today. Gravity began to control the expansion of the Universe. Quarks, leptons and their anti-particles formed (quark era). Leptons separated into electrons, neutrinos and their anti-particles. The quark era ended when most matter and anti-matter particles annihilated each other, leaving a slight excess of matter to populate the future Universe.
$10^{-6} - 1$ s	10^{13}	hadron / radiation-dominated era	The Universe had cooled sufficiently for quarks and anti-quarks to combine and form protons, neutrons and their anti-particles (hadron era). Protons and anti-protons; neutrons and anti-neutrons annihilated each other leaving a slight excess of protons and neutrons.
$1 - 10$ s	10^{10}	lepton	The Universe had cooled to the point where no new lepton/anti-lepton pairs were created. Most leptons and anti-leptons annihilated each other (lepton era), leaving a slight excess of leptons (equal to the number of protons, making the net charge of the Universe zero) Neutrinos and anti-neutrinos no longer interacted with protons and neutrons, so the Universe became transparent to neutrinos.
10 s onwards	$10^{10} - 10^{9}$	photons	After the lepton era, the Universe was dominated by photons, which interacted with protons, electrons and eventually nuclei, and continued to do so for the next 300,000 years (radiation era).
$3 - 20$ min	10^{9}	photons	The Universe cooled to the point where protons and neutrons began fusing to form helium and deuterium nuclei (nucleosynthesis), using up all spare neutrons. However, the temperature and density of the Universe soon fell to the point where fusion couldn't continue.
300 000 – 380 000 yr	3 000	matter-dominated era	Hydrogen and helium nuclei captured electrons into orbits around them to form stable, neutral atoms. Photons no longer interacted with charged particles, so the Universe became transparent to them. These photons are still evident today in the cosmic microwave background radiation (CMBR).
10^{8} yr		matter-dominated era	The first stars were formed 100–200 million years after the Big Bang. The first galaxies were formed 1 billion years after the Big Bang. Heavy elements were created in supernova explosions.
8.4×10^{9} yr		matter-dominated era	The Sun and Solar System were formed.
13.7×10^{9} yr	3	matter-dominated era	Humans appeared on Earth.

Image..15

যা আজও ঘটে চলেছে। প্রায় শূন্য ব্রহ্মাণ্ড সময় থেকে ক্রমশঃ জন্ম

নিয়েছে সমস্ত মৌলিক পদার্থ!

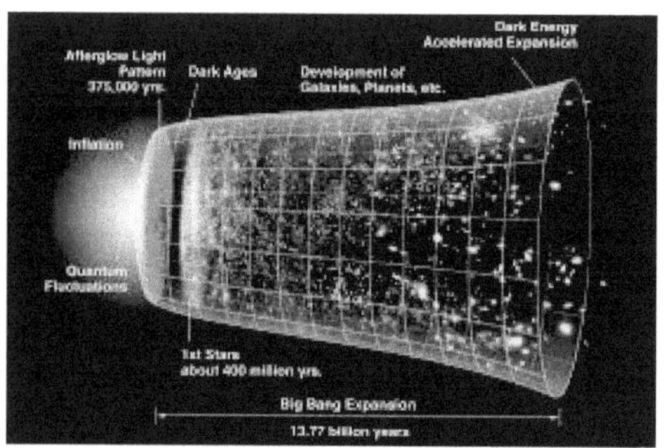

Image 16

আজকের পদার্থ বিদেরা সেইসবের সময়ও নিরুপণ করেছেন। যখন দেশ ছিল না কাল তখন কোথায়? তারপর স্ফীতির ফলে দেশ এল , তখন যেন কালও এল। প্রথমে কি ছিল ? ঋগ্বেদের মন্ত্রদ্রষ্টা ঋষির ভাষায় - "তম আসীত্তমসা গূঢ়মগ্রেহপ্রকেতং সলিলং সর্বমা ইদং "—— ঋগ্বেদ ১০।১২৯

তারপর আবার ঋগ্বেদের ঋষির শরণাপন্ন হই-

ঋতঞ্চ সত্যঞ্চাভীদ্ধাত্তপস্যোদ্ধজায়ত

ততো রাত্র্যজায়তঃ ততোসমুদ্র অর্ণবঃ।

ওঁ সমুদ্রাদর্ণাবাদধি সংবৎসর অজায়তঃ

অহো রাত্রাণিবিদধদ্ বিশ্বস্য মিষতো বশী।

ওঁ সূর্যাচন্দ্রমসৌ ধাতা যথাপূর্বমকল্পয়েৎ

দিবঞ্চপৃথিবীঞ্চান্তরীক্ষম্ মথো স্বঃ ॥

(Primordial creation of universe.)

যেন আধুনিকতম পদার্থবিদের অভিব্যক্তি। বীজাকার মহাবিশ্বের হৃদয়ের আন্দোলন ও স্ফীতির মূলে ছিল শ্বাশত ঋত-সত্যের চাপ এবং লক্ষ্য একটাই প্রাণের বিকাশ। তাই ধাপে ধাপে চলে এল একই রূপের বিভিন্ন বিকাশ। তারপর এর মূলস্বরূপ মায়ার আবির্ভাব দেশ ও কালের মায়ায় তৈরী হল সমস্ত দৃশ্যমান ও অদৃশ্যমান বিশ্ব। সমস্ত চরাচর গোচরীভূত হতে পারে এমন স্ফুলিঙ্গের আধার চাই তো। তাই জড় থেকে নিদ্রোথিত হল প্রাণ- কারণ কেবল মাত্র ব্যঞ্জনা।সমস্ত প্রাক্ প্রলয়ের অনুভূতি বীজাকারে বিদ্যমান ছিল তাকে তো বেরিয়ে আসতেই হবে বিশ্বের ক্রমবিকাশের সঙ্গে সঙ্গে। প্রাণের তাগিদে প্রাণ সৃষ্টি। কিন্তু তাগিদটা আসছে কোথা থেকে? নিশ্চয়ই বীজাকারে লুক্কায়িত আরো সূক্ষ্ম জিনিষের অস্তিত্ব থেকে। পরাচৈতন্য হতে প্রাণের বিকাশ সোজাসুজি। এবার সার্বিক চেতনার অস্তিত্বই ব্রহ্মচেতনার নামান্তর মাত্র। তাতে কোটি ব্রহ্মাণ্ডই শেষ কথা নয়, কারণ অস্তিত্বের চৈতন্যই সেখানে নির্বিকল্প। সমস্ত দেশ কাল প্রলয় সৃষ্টি মিলেমিশে একাকার। তার অন্তর বলতে কিছুই নেই। নেই তার বাহিরও। সমস্তই সেই চৈতন্য। চৈতন্যই তার বাহিরও চৈতন্যই তার আধার, চৈতন্যই তার স্বপ্রকাশ, চৈতন্যই তার অস্তিত্ব এবং অস্তিত্বই তার চৈতন্য। তার বিক্ষেপে এই অনন্তকোটি ব্রহ্মাণ্ড এবং প্রলয়ের বীজ গাঁথা হয় সৃষ্টির

প্রারম্ভে। বিশ্বপ্রপঞ্চের সৃষ্টির মূলে যে শক্তি, সেই অবিশ্বাস্য শক্তি যার ফলে পদার্থ ধীরে ধীরে ভিন্ন ভিন্ন রূপ নিচ্ছে যা আমাদের Astrophysics কে ধাঁধিয়ে দিচ্ছে। সৃষ্টি হচ্ছে আমাদের দৈনন্দিন পদার্থের স্রষ্টা পদার্থ। বিচ্ছুরণ হচ্ছে অসম্ভব শক্তি ও আলোর মেলা। তখন তিনি হলেন বিশ্বোত্তীর্ণ। এরই আরেক কলা যাঁর কাজ হল পৃথিবী এবং বিশ্বের অন্তরের সকল বস্তুর মধ্যে যোগস্থাপন করা। তিনি তখন বিশ্বাত্মক।

পরিশিষ্ট

ভারতবর্ষের যোগী ঋষিগণ বহু পূর্বেই অনুভব করেন যে বহির্জগত অন্তর্জগতের অভিক্ষেপ মাত্র। তাই তাঁদের সাধনলব্ধ ধন শাস্ত্রাকারে প্রকাশ করে গেছেন- কিন্তু সাধন প্রক্রিয়া যেহেতু গুরুবক্ত্রগম্য সে ব্যাপারে তাঁরা রূপকের সাহায্য নিয়েছেন।

তাঁরা আত্মোপলব্ধির দ্বারা জেনেছিলেন সমগ্র বস্তুই একই জিনিষের ভিন্ন ভিন্ন রূপ। মানবদেহে প্রাণের অভাবই মৃত্যু। তাঁরা প্রাণের অতীত অবস্থাতে যেতে চেয়েছেন প্রাণের উদ্ভব কোথা থেকে জানতে- তবেই প্রাণকে বশে আনা সম্ভব। নীচের লেখাতে এ ব্যাপারে আলোকপাত করা হল। চৈতন্য ও প্রাণ - ঘনিষ্ঠ সম্বন্ধযুক্ত। তাই প্রাণের ব্যাপারে কিছু লেখার প্রয়োজন বোধ করি। বিশ্ব চরাচর পঞ্চমহাভূত (Five Great Elements) দ্বারা গঠিত - ক্ষিতি (ভূমি), অপ্ (জল), তেজ (অগ্নি), মরুৎ (বায়ু), ব্যোম (আকাশ) এই পাঁচ। এরা প্রত্যেকে প্রত্যেকের সঙ্গে অঙ্গাঙ্গীভাবে জড়িত- যেমন   ক্ষিতির মধ্যে ১/২ ভাগ ক্ষিতি, ১/৮ ভাগ করে বাকি চার,

অপের মধ্যে ১/২ ভাগ অপ্, ১/৮ ভাগ করে বাকি চার,

তেজের মধ্যে ১/২ ভাগ তেজ, ১/৮ ভাগ করে বাকি চার,

মরুৎ এর মধ্যে ১/২ ভাগ মরুৎ, ১/৮ ভাগ করে বাকি চার,

ব্যোমের মধ্যে ১/২ ভাগ ব্যোম, ১/৮ ভাগ করে বাকি চার।

প্রাণের ব্যাপারে তথাকথিত বিজ্ঞান খুব একটা এগোতে পারে নি। প্রাণের সঙ্গে নীচে লেখা জিনিষের কি সম্পর্ক

    1. মন, বুদ্ধি, অহংকার, চিত্ত,

    2. ক্ষিতি, অপ্, তেজ, মরুৎ, ব্যোম্

    3. চক্ষু, কর্ণ, নাসিকা, জিহ্বা, ত্বক্

    4. বাক্, পাণি, পাদ, পায়ু, উপস্থ

    5. গন্ধ, স্পর্শ, রূপ, রস, শব্দ

    6. দেশ, কাল

    7. আত্মা

    8. ইচ্ছা (ঈক্ষা)

    9. দ্বেষ, কাম, ক্রোধ, লোভ, মোহ, মদ, মাৎসর্য্য

আমার নীচের বক্তব্যে চেষ্টা করেছি বোঝাতে।

চব্বিশটা তত্ত্ব: চব্বিশটা তত্ত্ব মাকড়সার জালের মত ছড়িয়ে আছে। আর তার ঠিক মধ্যিখানে আমার আমি। কিছুটা সময় সঞ্চালক কিছুটা সময় নিয়ন্ত্রিত বা আচ্ছন্ন এদের দ্বারা।

ক্ষিতি, অপ্, তেজ, মরুৎ, ব্যোম——.——— ৫

চক্ষু, কর্ণ, নাসিকা, জিহ্বা, ত্বক্ ————————৫

বাক্, পাণি, পাদ, পায়ু, উপস্থ ————————৫

শব্দ, স্পর্শ, রূপ, রস, গন্ধ ————————.—৫

মন, বুদ্ধি, অহংকার , অব্যক্ত বা প্রকৃতি——৪

————

২৪

এই চব্বিশ॥

এদের গুণ যেমন আছ অবগুণও আছে। সবকিছু পরিমিত হল গুণ — অধিক হল অবগুণ ।

সহজাত বৃত্তি আর অন্যান্য মানবিক প্রতিক্রিয়ার কথা সবাই জানি (বাসনা, কামনা - ইত্যাদি ইত্যাদি) প্রত্যেক তত্ত্বের সঙ্গে প্রত্যেক তত্ত্বের সূক্ষ্ম কার্যকারণ আছে। প্রত্যেকেই এক একটির প্রকাশক - প্রকাশের শক্তি আত্মসূর্য্য, যা না থাকলে সবই নিস্প্রভ। প্রাণ, চেতনা, চৈতন্য - সমার্থক। সহজাত হল চেতনা, সাধন লব্ধ পরিপূর্ণতায় - চৈতন্য।

মনুষ্য জীবনের পূর্ণতার

- প্রথম পদক্ষেপ———- জ্ঞান। Knowledge
- দ্বিতীয় পদক্ষেপ——— বিচার।Discrimination
- তৃতীয় পদক্ষেপ ——— সামঞ্জস্য।Balance
- চতুর্থ পদক্ষেপ ——— চরিত্র।   Character
- পঞ্চম পদক্ষেপ ———আত্মসংবরণ।Self- Control
- ষষ্ঠ   পদক্ষেপ ——— দূরদর্শিতা Clairvoyance
- সপ্তম পদক্ষেপ ——— একাগ্রতা।Concentration
- অষ্টম পদক্ষেপ ———বোধি। Intuition
- নবম   পদক্ষেপ ———উত্তরণ। Ascension
- দশম   পদক্ষেপ ———উপলব্ধি। Realisation
- একাদশ পদক্ষেপ———বিশ্লেষণ। Analysis
- দ্বাদশ পদক্ষেপ ———জাগরণ। Awakening
- ত্রয়োদশ পদক্ষেপ———আত্মিক অনুভূতি। Spiritual Feelings
- চতুর্দশ পদক্ষেপ ———স্বভাব দর্শন। Understanding of identity
- পঞ্চদশ পদক্ষেপ ———বিজ্ঞান। Inner Perception
- ষোড়শ পদক্ষেপ ———বিভূতি। Divine Qualities
- সপ্তদশ পদক্ষেপ ———সংকল্প। Volition
- অষ্টাদশ পদক্ষেপ———অতিচেতনা। Super Consciousness

- উনবিংশ পদক্ষেপ——-সম্পূর্ণতা। Perfection
- বিংশ পদক্ষেপ —ব্রহ্মজ্ঞান। Revelation of Universal
  Super Consciousness

এ সমস্তই হল সেই মাকড়সার জালের কেন্দ্রবিন্দুতে যাওয়ার প্রচেষ্টা।যতক্ষণ না পর্যন্ত সেখানে পৌঁছছি ততক্ষণই সংসার। মাকড়সা তো নিজেরই লালা দিয়ে জালটা তৈরী করে। অবজার্ভার (ইচ্ছে করেই বাংলায় অনুবাদ করি নি) অবজার্ভারকেই যেন দেখতে চাইছে, বুঝতে চাইছে। অবজার্ভারের কি ক্ষমতা ! বহুদূরের দৃশ্যমান ব্রহ্মাণ্ডকে টেলিস্কোপের মাধ্যমে দেখছে। উল্টো হয়ে তার প্রতিফলন চোখের তারায় বিন্দুর মতো পড়ছে। অবজার্ভার কিন্তু ঐ বিন্দু থেকেই বিশাল ব্রহ্মাণ্ডকেই দেখছে তার মনের অভিক্ষেপ (projection) দ্বারা। এবার অবজার্ভার নিজের ভেতরে দেখতে চাইছে। এই জানাটা কিন্তু অন্যরকম। যাকে বলা যায় তদাত্মজ্ঞান (knowledge by identity)। নুনের পুতুলের সাগর মাপতে যাওয়ার উপমাটা এইখানে খাটে।

এবার মৃত্যুর কথায় আসি। মৃত্যুর পর এই চতুর্বিংশতি তত্ত্বের কি হবে? তার আগে একটু বলে নিই, শাস্ত্রে আছে, দেহ তিন প্রকারঃ

১) স্থূলদেহ - পঞ্চতত্ত্ব (ক্ষিতি, অপ্, তেজ, মরুৎ, ব্যোম)। (Gross Body)

২) লিঙ্গদেহ - অষ্টাদশ তত্ত্ব (বাক্, পাণি, পাদ, পায়ু, (Subtle উপস্থ, চক্ষু, কর্ণ, নাসিকা, জিহ্বা, ত্বক্, Body) শব্দ, স্পর্শ, রূপ, রস, গন্ধ , মন, বুদ্ধি, অহংকার॥

৩) কারণদেহ - চতুর্বিংশতি তত্ত্ব (ক্ষিতি, অপ্, তেজ,

(Causal   মরুৎ, ব্যোম বাক্, পাণি, পাদ, পায়ু,
Body)   উপস্থ, চক্ষু, কর্ণ, নাসিকা, জিহ্বা, ত্বক্,
            শব্দ, স্পর্শ, রূপ, রস, গন্ধ , মন, বুদ্ধি,
            অহংকার ও অব্যক্ত ॥

মহর্ষি যাজ্ঞবল্ক্য কি বলেছেনঃ

সাধারণ মানবের মৃত্যুকালে তাহার বদ্ধ জীবাত্মা লিঙ্গদেহ ও কারণদেহ সহ সুষুম্নাপথে কুণ্ডলিনী অবলম্বনে উদান বায়ু সহ বিশুদ্ধচক্রের নিম্নভাগে আসিয়া আতিবাহিক দেহ প্রাপ্ত হইয়া নেত্র, কর্ণ, নাসিকা অথবা মুখবিবর দিয়া দেহ হইতে নির্গত হইয়া যায় এবং তখনই কুণ্ডলিনী সেই আতিবাহিক দেহের মূলাধারদেশে গিয়া পূর্ববৎ নিষ্ক্রিয় হয়; বামন আতিবাহিক দেহের হৃদয়াকাশে অধিষ্ঠিত হয়েন এবং সহস্রারের শুদ্ধসত্ত্বা সহ পরমাত্মা আতিবাহিক দেহের ব্রহ্মতালুতে অধিষ্ঠিত হয়েন। এইরূপ অবস্থায় বদ্ধ জীবাত্মা স্বীয় গতি প্রাপ্ত হয়॥

সিদ্ধযোগীর মুক্ত আত্মার দেহত্যাগ এইরূপ মৃত্যু নহে, ইহা আত্যন্তিক প্রলয়। সিদ্ধযোগীর মুক্ত আত্মা সচ্চিদানন্দ দেহে স্বয়ংজ্যোতি হইয়া দেহ ত্যাগ করিবার পরে কারণদেহ বিশ্বের সমষ্টিকারণ দেহে ও লিঙ্গদেহ সমষ্টি লিঙ্গদেহে প্রলীন হইয়া যায়। স্থূলদেহের পঞ্চভূত বিশ্বের স্থূল বিরাটদেহে প্রলীন হইয়া যায়, এবং বামনও পরমাত্মা কৃষ্ণে প্রলীন হইয়া যান। বৃহদারণ্যক শ্রুতি হইতে পূর্বোদ্ধৃত সূত্রের "যাজ্ঞবল্ক্যেতি হোবাচ যত্রায়ং পুরুষো ম্রিয়ত উদস্মাৎ প্রাণাঃ ক্রামন্ত্যাহোত নেতি নেতি হোবাচ

যাজ্ঞবল্ক্যোহত্রৈব সমবনীয়ন্তে ৩।২।১১"— ইহারা এখানে প্রলীন হইয়া যায়" বাক্যটির অর্থ ইহাই। এবম্বিধ রূপ ধারণ করিয়া দেহ হইতে নিষ্ক্রান্ত মুক্ত আত্মার দেবযান গতি আরম্ভ হয়। বিজ্ঞান ও পরিণয় প্রাপ্ত মুক্তাত্মা বিশ্ববিজয়ী। তিনি পৃথিবীর রাজত্ব চাহেন নাই, ব্রহ্মার পদ লাভ করিয়া সমগ্র বিশ্বের উপর সার্বভৌম প্রভুত্বও চাহেন নাই, এমনকি মোক্ষ কামনাও করেন নাই। এই সমস্তকেই তুচ্ছ বোধ করিয়া তিনি কেবলমাত্র কৃষ্ণকে লাভ করিবার জন্য আধ্যাত্মিক সংগ্রাম করিয়াছিলেন। এখন সকল দেবতাগণ তাঁহার সেবা করিবার জন্য উন্মুখ। দেবতাগণই মুক্ত আত্মাকে বহন করিয়া মায়াময় বিশ্বের বিবিধ স্তরসমূহকে অতিক্রম করাইয়া দেন। বদ্ধ জীবের আত্মা মৃত্যুকালে আতিবাহিক দেহে আপন গতি প্রাপ্ত হন। মুক্ত আত্মার দেহ আতিবাহিক দেহ নহে। তাঁহার আতিবাহিক দেবতাগণ, অর্থাৎ দেবতাগণ তাঁহাকে বহন করিয়া লইয়া যান।

এই মর্ত্যলোক হইতে যে সকল স্তরকে অতিক্রম করিলে পরব্যোম যাওয়া যায়, সেই সকল স্তরের প্রত্যেকটির একটি অধিষ্ঠাত্রী দেবতা আছেন। বেদান্ত সেই স্তরগুলির নামোল্লেখের দ্বারা তত্তৎ স্তরের দেবতাকেই সূচিত করিয়াছেন, ইহা ব্রহ্মসূত্রে নিরূপিত তত্ত্ব। " আতিবাহিকস্তল্লিঙ্গাৎ" – ব্রহ্মসূত্র ৪।৩।৪-

মুক্ত আত্মার পরব্যোমে গতির স্তরসমূহের নামোল্লেখের দ্বারা বেদান্ত তত্ত্বৎ স্তরের অধিষ্ঠাত্রী দেবতাগণকেই মুক্ত আত্মার আতিবাহিক বলিয়া ঘোষণা করিয়াছেন।

বেদান্তে নিরূপিত স্তর ও অধিষ্ঠাত্রী দেবতার ক্রম ও নাম এইরূপঃ

"অথ যদু চৈবাস্মিংছব্যং কুর্বন্তি যদি চ
নার্চিযমেবাভি-সংভবংস্ত্যার্চিষোহরহঃ আপূর্য্যমানপক্ষমাপূর্য্যমানপক্ষাদ্
যান্ ষড়ুদঙ্ঙেতি মাসাংস্তান্ মাসেভ্যঃ
সংবৎসরং সংবৎসরাদাদিত্যমাদিত্যচ্চন্দ্রমসং
চন্দ্রমসো বিদ্যুতং তৎপুরুষোহমানবঃ স
এনান্ ব্রহ্ম গময়ত্যেষদেবপথো ব্রহ্মপথ
এতেন প্রতিপাদ্যমানা ইমংমানবমাবর্ত্তং না
বর্ত্তন্তে না বর্ত্তন্তে॥"—-ছন্দোগ্য ৪।১৫।৫

এই শ্রুতিবাক্যের তাৎপর্য্যঃ-

বিজ্ঞান ও পরিণয়প্রাপ্ত মুক্ত যোগীর মৃত্যুর পরে শবদাহ ও অন্যান্য অন্ত্যেষ্টিক্রিয়া হউক বা না হউক, তাঁহার মুক্ত আত্মা দেহ হইতে নিষ্ক্রান্ত হইয়া (আলোকে) গমন করেন, আলোক হইতে অহঃ (দিবসে) , দিবস হইতে শুক্লপক্ষে, শুক্লপক্ষ হইতে উত্তরায়ণে, উত্তরায়ণ হইতে সংবৎসরে, সংবৎসর হইতে আদিত্যে (সূর্য্যে), আদিত্য হইতে চন্দ্রে, চন্দ্র হইতে বিদ্যুতে গমন করেন। তথায় পরমব্যোম হইতে আগত অমানব পুরুষ তাঁহাকে লইয়া পরমেশ্বরের নিকট গমন করেন। ইহাই দেবযান বা ব্রহ্মযান গতি। যে মুক্ত আত্মা এই পথে পরমব্যোমে গিয়া পরমেশ্বরকে প্রাপ্ত হয়েন, তাঁহাকে আর

কখনও এই মানব জগতে পুনরাবর্তন করিতে হয় না, পুনরাবর্তন করিতে হয় না॥

সীমাবদ্ধতা আকারের জনক। অসীম তাই আকারশূন্য। মানুষ যা দেখতে পায় না তাতেই তার আগ্রহ বেশী। আত্মকেন্দ্রিকতাই ভয়ের কারণ। ভয় সীমাবদ্ধতার জন্যে দায়ী। আকার সুখ দু:খের কারণ।নির্ভর করলেই অসীমে স্থিতি। কাল অসীম।আকারে প্রবিষ্ট কাল প্রাণরূপে অধিষ্ঠিত।কাল তখন খণ্ডিতরূপে অজপায় (নিঃশ্বাস প্রশ্বাস) প্রকাশ। প্রাণের সূক্ষ্ম অণুসকল শুক্রের সহিত পঞ্চতন্মাত্র মহাভূত সৃজন হয়। পরে তাহা স্থূল হইয়া শ্রোত্রাদি হয়, তাহা শোণিতে মিশিয়া হস্ত, পদ হয়, পরে অহঙ্কার। এইরূপে প্রাণধারা সূক্ষ্ম হইতে স্থূলে অবিরতভাবে চলিয়া আসিতেছে॥

পরে যখন লয় হয় পৃথিবীর অণু জলের অণুতে প্রবেশ করে, জলের অণু তেজের অণুর মধ্যে, তেজের অণু বায়ুর মধ্যে, বায়ুর অণু আকাশের মধ্যে এবং আকাশের অণু ব্রহ্মের অণুর মধ্যে প্রবেশ করে। ব্রহ্মের অণুর একাংশে জগৎ। এই একাংশ ব্রহ্ম হইতে একবার উঠিতেছে, আবার ব্রহ্মের মধ্যে ডুবিয়া যাইতেছে॥

ব্রহ্ম অসীম, সেই জন্য তাঁহার কেন্দ্র সর্বত্র। এই কেন্দ্রই অণুরূপ। সকল জীবের মধ্যেই এই অণুস্বরূপ ব্রহ্মকেন্দ্র রহিয়াছে, যখন লয় হয়, তখন

সকলেই সেই অণু মধ্যে প্রবেশ করে এবং সমস্ত অণুই সেই ব্রহ্মাণুর মধ্যে প্রবিষ্ট হইয়া আছে॥

কখন এই অবস্থা প্রাপ্তি হয়?-

"যদি পঞ্চাবতিষ্ঠন্তে জ্ঞানানি মনসা সহ।
বুদ্ধিশ্চ ন বিচেষ্টেত তামাহুঃ পরমাং গতিম্॥

যখন পঞ্চ জ্ঞানেন্দ্রিয় মনের সহিত স্থির হইয়া থাকে, আর বুদ্ধির নিজ চেষ্টা থাকে না, সেই অবস্থাকে জ্ঞানিগণ পরমা গতি বলিয়াছেন, ইহাই সাধনার পরাবস্থা॥

প্রাণের সপ্ত বিভাগ- প্রত্যেকের আবার সপ্ত স্কন্ধ।

সপ্ত প্রাণঃ- প্রবহ, সংবহ, বিবহ, আবহ, উদ্বহ, পরিবহ, পরাবহ॥
প্রবহ (প্রাণ)

১। শ্বসিনি (টানা, মহাবল)।	হং ক্ষং
২। শ্বসন (ইন্দ্র)।	এং
৩। সদাগতি।	ঐং
৪। পৃষদশ্ব।	ওং
৫। গন্ধবাহ।	ঔং
৬। বাহ (চলান, বৃতিন)।	অং
৭। ভোগিকান্ত।	আঃ

সংবহ (অপান)

১। চঞ্চল (উৎক্ষেপন, দ্বিজ্যোতি)।	বং
২। পৃষতাংপতি (বলং, মহাবল)।	ভং
৩।ক্ষুধাকর (অধোগমন, একশক্র)।	মং

৪। অজগৎপ্রাণ (জন্মমরণ, অদৃশ্য)   বং

৫। আবক (ফেলা, পুরিমিত্র)।   শং

৬। সমীর (প্রাতঃকালীন বায়ু, সংমিত)।   ষং

৭। প্রকম্পন (গন্ধের অণুকে আনে, মিতাসন)।   সং

বিবহ (সমান)

১। বাতি (বাক্, সভব)।   ডং

২। অন্ধতি (ধারণা, অনমিত্র)।   ঢং

৩।প্রকম্পন (কম্পন, ভীম)।   ণং

৪। সমান (পোষণ, একজ্যোতি)।   তং

৫।স্পর্শন (স্পর্শ , বিরাট)।   যং

৬।বাত (তির্য্যকগমন, পুরাণায্য)।   রং

৭। প্রভঞ্জন (মনপৃথক, সুমিত)।   লং

আবহ (উদান)

১। গন্ধবহ (গন্ধের অণুকে আনে, ত্রিশক্র)।   খং

২। আশুগ (শৈঘ্র্যং, অদৃক্ষ)।   গং

৩। মারুত (ভিতরের বায়ু, অপাৎ)।   ঘং

৪। পবন (অপরাজিত)।   ঙং

৫। ফণিপ্রিয়(ঊর্দ্ধগতি, ধ্রুব)।   চং

৬। নিঃশ্বাসক (ত্বগিন্দ্রিয়ব্যাপী, যুতির্ঘ্য)।   ছং

৭। উদান (উদ্গীরণ , সকৃত)।   জং

উদ্বহ (ব্যান) পূষা নাড়ীস্থিত ব্যান

১। ব্যান (জৃম্ভন, আকুঞ্চন, প্রসারণ, দিশক্র)।   কং

২। মরুৎ (উত্তর দিকের বায়ু, সেনজিৎ)।   থং

৩। নভস্থান (অরাজক, অভিযুক্ত)।   দং

৪। ধূনিধ্বজ (আঁদিমিত)।   ধং

৫। কম্পলক্ষ্মা (সেচনাধর্তা)।   নং

৬। বাস (দেহব্যাপী, বিধারণ)।   পং

৭। মৃগবাহন(বিদ্যুৎবরণ)।   ফং

পরিবহ (গান্ধারী নাড়ীস্থিত স্থির বায়ু)

১। বিহগ (উড্ডীয়ান, ঋতবাহ)।   অং

২। নভঃস্বর (শব্দ, শ্রীতি)।   আং

৩। প্রাণ (নিমীলন, বহির্গমন, ত্রিশক্র)।   ইং

৪। অনিল (অনুষঙ, অশীত, অজেয়)।   ঋং

৫। সমীরণ (পশ্চিমের বায়ু, দুসেন)।   ঞং

৬। অনুষঙ (শীতস্পর্শ, পসদীক্ষ)।   টং

৭। সুখাশ (সুখদা, দেবদেব)।   ঠং

পরাবহ (হস্তিনী নাড়ীস্থিত স্থির বায়ু)

১। মাতরিশ্বা (অণু, সত্যজিৎ)।   ঈং

২। অজগৎপ্রাণ (ঋত ব্রহ্ম)।   উং

৩। পবমান (ক্রিয়ার পরাবস্থা, ঋতজিৎ)।   ঊং

৪। নভঃপ্রাণ (প্রাণরূপোচিৎবাহিত্ব ধাতা)।   ঋং

৫। হরি (মোক্ষ, অন্তমিত্র)।   ঋৃং

৬। সারং (নিত্য, পতিবাস)।   ৯ং

৭। স্তনুন (সর্বব্যাপী, মিত)।   ৯ৄ

মেরুদণ্ডস্থিত সপ্তচক্র বা নাড়ীর মিলনস্থল অল্পবিস্তর সকলেরই জানা। প্রাণ ও চক্রের সম্বন্ধ এইরূপঃ

Pranic vibration at different centre in vertebra-

| বীজাক্ষর। | বায়ু। | স্থান। |

আজ্ঞা চক্র

| ১। | হং ক্ষং | শ্বসিনী টানা মহাবল। | | আজ্ঞা চক্র |

বিশুদ্ধ চক্র

২। অং	পরিবহ বিহগ উড্ডীয়ান ঋতবাহ।	বিশুদ্ধ
৩। আং	পরিবহ নভঃস্বর শব্দ শ্রুতি।	"
৪। ইং	পরিবহ প্রাণ নিমীলন বহির্গমন ত্রিশক্র।	"
৫। ঈং	পরাবহ মাতরিশ্বা অণু সত্যজিৎ।	"
৬। উং	পরাবহ অজগৎপ্রাণ ব্রহ্ম ঋত।	"
৭। উং	পরাবহ পবমান ক্রিয়ার পরাবস্থা ঋতজিৎ	"
৮। ঋং	পরাবহ নভঃপ্রাণ প্রাণরূপোচিৎবাহিত্ব ধাতা	"
৯। ঋৃং	পরাবহ হরি মোক্ষ অন্তিমিত্র।	"
১০। ৯ং	পরাবহ সারং মিত্র পতিবাস।	"
১১। ৯ৃং	পরাবহ স্তনুন সর্ব্বব্যাপী মিত।	"
১২। এং	প্রবহ শ্বসন শ্বাসপ্রশ্বাসাদি ইন্দ্র।	"
১৩। ঐং	প্রবহ সদাগতি গমনাদৌ গতি।	"
১৪। ওং	প্রবহ পৃষদশ্ব স্পর্শশক্তি অদৃশ্য গতি।	"
১৫। ঔং	প্রবহ গন্ধবাহ অনুষঞ অশীত ঈদৃক্ষ।	"
১৬। অং	প্রবহ বাহ চলান বৃতিন।	"
১৭। আঃ	প্রবহ ভোগিকান্ত ভোগিকাম।	"

অনাহত চক্র   অনাহত

১৮। কং   উদ্বহ ব্যান জৃম্ভন আকুঞ্চন প্রসারণ দ্বিশক্র "

১৯। খং   আবহ গন্ধবহ ত্রিশক্র।   "

২০। গং   আবহ আশুগ শৈঘ্রং অদৃক্ষ।   "

২১। ঘং   আবহ মারুত (ভিতরের বায়ু) অপাং।   "

২২। ঙং   আবহ পবন অপরাজিত।   "

২৩।চং   আবহ ফণিপ্রিয় ঊর্দ্ধগতি ধ্রুব।   "

২৪। ছং   আবহ নিঃশ্বাসক ত্বগিন্দ্রিয়ব্যাপী যুতির্ঘ।   "

২৫।জং   আবহ উদান উদ্গীরণ সকৃৎ।   "

২৬।ঝং   পরিবহ অনিল অনুষঞ্জ অজেয়।   "

২৭। ঞং   পরিবহ সমীরণ পশ্চিমের বায়ু সুসেন।   "

২৮। টং   পরিবহ অনুষঞ্জ শীতস্পর্শ পসদীক্ষ।   "

২৯। ঠং   পরিবহ সুখাশ সুখদা দেবদেব।   "

মণিপুর চক্র   মণিপুর

৩০।ডং   বিবহ বাতি বাক্ সভব।   "

৩১।ঢং   বিবহ অক্ষতি ধারণা অনমিত্র।   "

৩২।ণং   বিবহ প্রকম্পন কম্পন ভীম।   "

৩৩।তং   বিবহ সমান পোষণ একজ্যোঃতি।   "

৩৪।থং   উদ্বহ মরুৎ উত্তরদিকের বায়ু সেনজিৎ। "

৩৫।দং   উদ্বহ নভঃস্থান অপাকজ অভিযুক্ত।   "

৩৬।ধং   উদ্বহ ধুনিধ্বজ আঁদিমিত।   "

৩৭।নং   উদ্বহ কম্পলক্ষ্যা সেচনাধর্ত্রা।   "

৩৮।পং   উদ্বহ বাস দেহব্যাপী বিধারণ।   "

৩৯।ফং   উদ্বহ মৃগবাহন বিদ্যুতবরণ।   "

স্বাধিষ্ঠান চক্র   স্বাধিষ্ঠান

৪০ ।বং	সংবহ চঞ্চল উৎক্ষেপন দ্বিজ্যোঅতি।	"
৪১ ।ভং	সংবহ পৃষতাংপতি বলং মহাবল।	"
৪২ ।মং	সংবহ অপান ক্ষুধাকর অধোগমন একশত্রু	
৪৩ ।যং	বিবহ স্পর্শন স্পর্শ বিরাট।	"
৪৪ ।রং	বিবহ বাত তির্য্যকগমন পুরাণায্য।	"
৪৫ ।লং	বিবহ প্রভঞ্জন মনপৃথক সুমিত।	"

মূলাধার চক্র		মূলাধার
৪৬ ।বং	সংবহ অজগৎপ্রাণ জন্মমরণ অদৃশ্য।	"
৪৭ ।শং	সংবহ আবক ফেলা পুরিমিত্র।	"
৪৮ ।ষং	সংবহ সমীর(প্রাতঃকালের বায়ু) সংমিত	"
৪৯ ।সং	সংবহ প্রকম্পন(গন্ধের অণু আনে)মিতাসন"	

শ্রীমদভগবদ্গীতা১০/৪২

প্রাণের সূক্ষ্ম অণুসকল শুক্রের সহিত পঞ্চতন্মাত্র মহাভূত সৃজন হয়। পরে তাহা স্থূল হইয়া শ্রোত্রাদি হয়, তাহা শোণিতে মিশিয়া হস্ত, পদ হয়, পরে অহঙ্কার। এইরূপে প্রাণধারা সূক্ষ্ম হইতে স্থূলে অবিরতভাবে চলিয়া আসিতেছে॥ পরে যখন লয় হয় পৃথিবীর অণু জলের অণুতে প্রবেশ করে, জলের অণু তেজের অণুর মধ্যে, তেজের অণু বায়ুর মধ্যে, বায়ুর অণু আকাশের মধ্যে এবং আকাশের অণু ব্রহ্মের অণুর মধ্যে প্রবেশ করে। ব্রহ্মের অণুর একাংশে জগৎ। এই একাংশ ব্রহ্ম হইতে একবার উঠিতেছে, আবার ব্রহ্মের মধ্যে ডুবিয়া যাইতেছে॥

ব্রহ্ম অসীম, সেই জন্য তাঁহার কেন্দ্র সর্বত্র। এই কেন্দ্রই অণুরূপ। সকল জীবের মধ্যেই এই অণুস্বরূপ ব্রহ্মকেন্দ্র রহিয়াছে, যখন লয় হয়, তখন সকলেই সেই অণুর মধ্যে প্রবেশ করে এবং সমস্ত অণুই সেই ব্রহ্মাণুর মধ্যে প্রবিষ্ট হইয়া আছে॥

কখন এই অবস্থা প্রাপ্তি হয় ?-

"যদি পঞ্চাবতিষ্ঠন্তে জ্ঞানানি মনসা সহ ।

বুদ্ধিশ্চ ন বিচেষ্টেত তামাহুঃ পরমাং গতিম্॥

যখন পঞ্চ জ্ঞানেন্দ্রিয় মনের সহিত স্থির হইয়া থাকে, আর বুদ্ধির নিজ চেষ্টা থাকে না, সেই অবস্থাকে জ্ঞানিগণ পরমা গতি বলিয়াছেন, ইহাই সাধনার পরাবস্থা ॥

অনেক কিছু বলার প্রয়োজন করে না, ধুলোর অণু জলের অণুর মধ্যে প্রবেশ করে- জলের তেজে- তেজের বায়ুতে- বায়ুর আকাশে- আকাশের ব্রহ্মেতে- ব্রহ্মের অণুর একাংশে জগৎ। এই একাংশই ব্রহ্ম হইতে একবার উঠিতেছে আবার ব্রহ্মের মধ্যে ডুবিয়া যাইতেছে। ব্রহ্মের একাংশেই ব্যক্ত জগৎ, ইহাই মায়োপহিত, অবশিষ্ট সমস্তই অব্যক্ত। এই অব্যক্ত হইতে প্রাণ উৎপন্ন হইয়া বিশ্বজগতকে প্রকাশিত করিয়াছে। এই অব্যক্তই মুখ্য প্রাণ, ইহার কোনো রূপ নাই। "স উ প্রাণস্য প্রাণঃ"। তিনিই প্রাণের প্রাণ।

তিনিই অচল ব্রহ্ম। ইচ্ছা দ্বারা চলায়মান হইলেই উহা পাঁচ ভাগে বিভক্ত হইয়া প্রাণ, অপান, সমান, উদান, ব্যান হয়। হৃদয়স্থ বায়ুই প্রাণ, যদ্বারা জীব বাঁচিয়া থাকে। উহাই মানুষের জীবন। ব্রহ্ম অসীম, সেইজন্য তার কেন্দ্র সর্বত্র। এই কেন্দ্রই অণুরূপ। সকল জীবের মধ্যে এই অণুস্বরূপ ব্রহ্মকেন্দ্র রহিয়াছে। যখন লয় হয় সকলেই সেই অণুমধ্যে প্রবেশ করে এবং সমস্ত অণুই সেই ব্রহ্মাণুর মধ্যে প্রবিষ্ট আছে।

যেমন প্রাণের এক অণু আকাশে, প্রাণের দুই অণু বায়ুতে, প্রাণের তিন অণু অগ্নিতে, প্রাণের চার অণু জলেতে, প্রাণের পাঁচ অণু পৃথিবীতে - সূক্ষ্ম অণুসকল শুক্রের সহিত পঞ্চমহাভূত সৃজন হয়। পরে স্থূল হইয়া শোত্রাদি হয়, তাহা শোণিতে মিশিয়া হস্তপদ হয়, পরে অহঙ্কার। এইরূপে প্রাণধারা সূক্ষ্ম হইতে স্থূলে অবিরতভাবে চলিয়া আসিতেছে॥

ওঁ স্বস্তি। ওঁ স্বস্তি। ওঁ স্বস্তি।

*** সমাপ্ত ***